गद्य गाथा

गद्य गाथा

संपादक

डॉ. वीणा अग्रवाल

रीडर, श्री गुरुतेग बहादुर, खालसा कॉलेज
दिल्ली विश्वविद्यालय, दिल्ली

अरुण माहेश्वरी

चेयरमैन वाणी फाउंडेशन, दिल्ली

अरुणोदय प्रकाशन

ISBN : 978-81-8847-328-1

अरुणोदय प्रकाशन
21-ए, अंसारी रोड, नयी दिल्ली-110002
द्वारा प्रकाशित
संस्करण : 2007, 2008, 2023

मूल्य : ₹ 85.00
आर.टेक ऑफ़सेट प्रिंटर्स, दिल्ली-110 032
द्वारा मुद्रित

अरुणोदय प्रकाशन, वाणी प्रकाशन की सहयोगी संस्था

अनुक्रम

हिंदी गद्य की विकास-यात्रा

सन् 1850 ई. के बाद का समय हिंदी साहित्य के इतिहास में आधुनिक काल माना जाता है। आधुनिक काल में हिंदी-साहित्य गद्य की विभिन्न विधाओं—नाटक, एकांकी, कहानी, उपन्यास, आलोचना, निबंध, गद्य-गीत, जीवनी, यात्रा-साहित्य, भेंट-वार्ता, संस्मरण, रेखाचित्र, रिपोर्ताज़, फ़ीचर, केरीकेचर आदि से संपन्न हुआ।

गद्यमयी रचनाओं के वैविध्य और प्रधानता के कारण ही आधुनिक काल को गद्य-काल की संज्ञा दी जाती है।

यों गद्य साहित्य का आरंभ आदिकाल से माना जाता है। दसवीं शताब्दी से ही गद्य-परंपरा के ग्रंथ मिलते हैं, हालाँकि उस समय यह धारा चूंकि प्रारंभ ही हुई थी, अतः इसका क्षीण होना स्वाभाविक था। ऊपर गद्य की जिन विविध विधाओं की चर्चा की जाती है, उनके अस्तित्व का तो प्रश्न ही नहीं उठता। आधुनिक काल से पूर्व प्राप्त होने वाला गद्य राजस्थानी और ब्रजभाषा में सुरक्षित है। आजकल साहित्य और लोक व्यवहार में सामान्यतया जिस हिंदी का प्रयोग किया जाता है, वह खड़ी बोली है। खड़ी बोली का प्रयोग मुगल दरबार की प्रतिष्ठा के साथ-साथ दिल्ली और आसपास के क्षेत्रों में शिष्ट भाषा के रूप में किया जाने लगा था। अंग्रेज़ी शासन के दौर में इसका विकास और विस्तार हुआ।

आधुनिक हिंदी गद्य के प्रवर्तन में मुंशी सदासुखलाल, इंशा अल्ला

खाँ, लल्लूलाल जी और सदल मिश्र क़ा बहुत योगदान रहा। सदल मिश्र की 'नासिकेतोपाख्यान', 'रामचरित', सदासुखलाल की 'सुखसागर', लल्लूलाल का 'सिंहासन बत्तीसी', 'बेताल पच्चीसी', इंशा अल्लाह खाँ की 'रानी केतनी की कहानी', राजा शिवप्रसाद सितारेहिंद की 'राजा भोज का सपना' आदि रचनाओं ने आधुनिक हिंदी गद्य के लिए भूमिका तैयार कर दी थी।

गद्य के प्रयोग और प्रसार में फोर्ट विलियम कॉलेज के हिंदी-उर्दू अध्यापकों, और उस समय परतंत्र भारत में चलने वाले धार्मिक, सामाजिक आंदोलनों तथा पत्रिकाओं ने भी महत्त्वपूर्ण भूमिका निभाई। ईसाई मिशनरियों ने अपनी धर्म पुस्तकों का अनुवाद सरल भाषा में करवाकर उन्हें जनता में बाँटा। ब्रह्म समाज और आर्य समाज ने अपने विचारों के प्रचार के लिए हिंदी को माध्यम बनाया। 'कविवचन सुधा', 'हरिश्चंद्र मैगज़ीन, 'बाला बोधिनी' आदि पत्रिकाओं में गद्य लेखकों ने विविध गद्य विधाओं में लिखकर हिंदी गद्य के निर्माण में अपना योगदान किया। छापेखाने की स्थापना, संचार साधनों के विकास आदि ने हिंदी गद्य के विकास को गति दी।

हिंदी गद्य की अखंड परंपरा आधुनिक काल से प्रारंभ होती है। आधुनिक काल में भारतेंदु युग (1850-1900 ई.), द्विवेदी युग (1901-1918 ई.), छायावाद युग (1918-36 ई.) और उत्तर छायावाद काल–(क) प्रगति-प्रयोग काल (1936-53 ई.), (ख) नवलेखन काल (1953 ई. से अब तक) में हिंदी गद्य की विभिन्न विधाएँ विकसित और पुष्ट हुईं।

भारतेंदु युग (1850-1900 ई.) के गद्य साहित्य का अत्यधिक महत्त्व है। साहित्य सृजन की दृष्टि से हिंदी गद्य की प्रायः सभी विधाओं का श्रीगणेश इसी काल में हुआ। हिंदी का प्रथम उपन्यास माना जाने वाला लाला श्रीनिवासदास का 'परीक्षा गुरु' इसी काल में प्रकाशित हुआ। निबंध और नाटक में लेखकों को विशेष तौर पर सफलता प्राप्त हुई।

भारतेंदु के प्रथम नाटक 'विद्यासुंदर' (1868 ई.) से हिंदी के नाटकों

का प्रारंभ माना जाता है। नाटक शिक्षित और अशिक्षित–दोनों वर्गों तक पहुँचा और दोनों के लिए मनोरंजनात्मक ढंग से जन-जागृति, ज्ञानवर्द्धन और देश-दुर्दशा की जानकारी प्रदान करने का उत्तम साधन बना। पत्र-पत्रिकाओं में भी हिंदी में समाचार, लेख तथा साहित्यिक विधाएँ प्रस्तुत की जाने लगीं। भारतेंदु युग में अनुवाद, नाटक, समालोचना, कथा-साहित्य आदि का सृजन आरंभ हुआ। आत्मकथा, जीवनी लेखन तथा भूमिका लेखन की धारा भी प्रवाहित हुई। इस युग में हिंदी गद्य का स्वरूप भी स्थिर हुआ। उसके शुद्ध साहित्योपयोगी और व्यवहारोपयोगी रूपों की भी प्रतिष्ठा हुई। भारतेंदु ने हिंदी और उर्दू की प्रतिद्वंद्विता मिटाकर संस्कृत व उर्दू शैली का समन्वय कर भाषा का वह रूप तैयार किया जो हिंदुस्तान की जनता के निकट था। इस प्रकार उन्होंने खड़ी बोली को अनिश्चितता की स्थिति से बाहर निकालकर सर्वग्राह्य बनाने का काम किया।

भाषा और साहित्य दोनों जीवन के साथ जुड़ गए जिससे जीवन के विविध क्षेत्रों में हिंदी के प्रयोग की परंपरा को बल मिला। किसी भी भाषा के इतिहास में इतने कम समय में ऐसी प्रगति गौरव की बात है।

द्विवेदी युग हिंदी गद्य के इतिहास में यदि भारतेंदु को आधुनिक गद्य निर्माता कहा जा सकता है तो इस दिशा में महावीरप्रसाद द्विवेदी जी के योगदान को भी भुलाया नहीं जा सकता। भारतेंदु के समय तक हिंदी व्याकरण का कोई मानक रूप निर्धारित नहीं था। हिंदी साहित्य के पुनर्जागरण के बाद उसकी भाषा को व्याकरण व साहित्यिकता की दृष्टि से पुष्ट करने का कार्य द्विवेदी जी ने किया। इनके द्वारा संपादित पत्रिका 'सरस्वती' के माध्यम से ही हिंदी कहानी की शुरुआत हुई। इसी युग में प्रेमचंद जैसे कथासम्राट उदित हुए अर्थात् नाटक और निबंध के साथ-साथ कहानी और उपन्यास ने भी साहित्य के केंद्र में अपना विशेष स्थान बनाया। सभी उपन्यासकारों और कहानीकारों के युग जीवन को वाणी प्रदान करने का प्रयास किया। नाटक के क्षेत्र में जयशंकर

प्रसाद ने स्वर्णिम अतीत को माध्यम बनाकर वर्तमान और भविष्य की समस्याओं को चित्रित किया तथा उनके समाधान की ओर निर्देश भी किया। आचार्य रामचंद्र शुक्ल ने हिंदी गद्य को गंभीरता, प्रौढ़ता एवं शक्तिमत्ता प्रदान की। चंद्रधर शर्मा गुलेरी, अध्यापक पूर्णसिंह, गणेश शंकर विद्यार्थी, शिवशंकर सहाय आदि गद्य लेखकों का योगदान भी सराहनीय है।

छायावाद युग : छायावाद युग में गद्य की भाषा अलंकार, लाक्षणिकता, वक्रता, काव्यमयता और कोमलता से युक्त हुई। गद्य काव्य तो इसी युग में पल्लवित हुआ। यहाँ तक कि शांतिप्रिय द्विवेदी और कहीं-कहीं नंददुलारे वाजपेयी की आलोचनाएँ भी काव्यात्मक गद्य के रूप में दिखाई दीं। जीवनी, संस्मरण, यात्रा-वृत्त, गद्य काव्य आदि गौण समझी जाने वाली अनेक गद्य विधाओं ने इस युग में नए आयाम प्राप्त किए।

प्रगतिशील लेखकों ने छायावाद की प्रतिक्रियास्वरूप गद्य के सरल, व्यावहारिक और अकृत्रिम, अनलंकृत रूप को अपनाया। डॉ. रामविलास शर्मा, शिवदान सिंह चौहान, अमृतराय, रांगेय राघव आदि ने गद्य को नैतिकता और आदर्शवादी आवरण से मुक्त कर उसे सामाजिक यथार्थ की सहज अभिव्यक्ति में समर्थ बनाया।

उत्तर छायावाद युग : प्रयोगवादी लेखकों ने गद्य को विशुद्ध बौद्धिक चिंतन से पुष्ट किया। गद्य में अंग्रेजी चिंतन-भंगिमा, मन की सूक्ष्म परतों की अभिव्यक्ति, आत्मान्वेषण एवं ऊहापोह की अभिव्यंजना सामर्थ्य प्राप्त की। प्रयोगों की परंपरा को गति देने और गद्य की भाषा को सूक्ष्म, मारक व घनीभूत बनाने में अज्ञेय अग्रणी रहे।

नया युगबोध अपने साथ नया जीवनबोध लाता है और साथ ही लाता है जीवन की समस्त सर्जनात्मक गतिविधि के नए रूप भी। स्वतंत्रता के बाद वातावरण बदला। लेखक अनेक प्रश्नाकुलताओं, समस्याओं, वैचारिक दिग्भ्रमों और मूल्यों के संकट को झेलने के लिए विवश हुआ। नए विचारों-मूल्यों की अभिव्यक्ति के लिए भाषा में भी बदलाव आना

स्वाभाविक था। नए शब्दों की खोज, गठन, निर्माण आदि का कार्य प्रारंभ हुआ। कथ्य की क़लात्मक अभिव्यक्ति के लिए सर्वथा नए प्रतीक, उपमान, बिंब आदि तो खोजे ही गए, फ्लैश बैक, चेतना प्रवाह आदि शैलियों का प्रयोग भी किया गया। गद्य विधाओं के क्षेत्र में अभूतपूर्व प्रगति हुई। कहानी, उपन्यास, आलोचना आदि में नए आयाम उद्घाटित हुए तथा इंटरव्यू, रिपोर्ताज़, यात्रावृत्तांत, जैसे नए साहित्य रूप भी प्रचलित हुए। मार्क्सवाद, अस्तित्ववाद, मनोविश्लेषणवाद, उत्तर-आधुनिकता जैसी अवधारणाओं के कारण जीवन का प्रत्येक विषय सामाजिक सीमाओं के भीतर प्रविष्ट हुआ। स्त्री-विमर्श, दलित-विमर्श, राजनीति, पर्यावरण, तकनीक, विज्ञान, व्यापार, बाज़ार—सभी कुछ साहित्यिकता की परिधि के भीतर आ गया और हिन्दी गद्य में उसकी सफल अभिव्यक्ति हुई। इस दृष्टि से अन्य भाषाओं से शब्दों के ग्रहण, पारिभाषिक शब्दावली के निर्माण ने भी हिंदी गद्य को और अधिक समृद्ध किया। हिंदी गद्य की उस समृद्धि का आकलन उसकी विविध विधाओं के विकास पर दृष्टिपात कर किया जा सकता है।

निबंध

हिंदी में इस विधा का आगमन पश्चिम से माना गया है। शब्दकोश में निबंध का अर्थ है—वह विचारपूर्ण, विवरणात्मक और विस्तृत लेखन जिसमें किसी विषय के सब अंगों का मौलिक और स्वतंत्र रूप से विवेचन किया गया है। (मानक हिंदी कोश, पृ. 271)। निबंध ही एक ऐसी विधा है, जिसमें व्यक्ति अपने स्वतंत्र व्यक्तित्व, निजीपन, अपने दृष्टिकोण का प्रतिपादन स्वच्छंदतापूर्वक कर सकता है। इस प्रकार निबंध व्यक्तिपरकता, कल्पना, अनुभूति और विचार, एकान्विति, स्वच्छंदता और आत्मीयता आदि विशेषताओं से युक्त होता है।

प्रायः निबंधों के दो भेद किए जाते हैं—विषय प्रधान और विषयी

प्रधान। विषय प्रधान निबंधों में विषयगत चिंतन अथवा विषयगत विवरण की और विषयी प्रधान निबंधों में लेखक के व्यक्तित्व के अनुसार भावात्मकता, कल्पनात्मकता अथवा गंभीरता आदि की प्रधानता होती है। आलोचकों ने अध्ययन की सुविधा के लिए निबंधों के कई भेद किए हैं यथा—विचारात्मक निबंध, भावात्मक निबंध, प्रेरणाप्रद निबंध, जीवनीपरक निबंध, ललित निबंध, आत्मकथात्मक निबंध, सांस्कृतिक निबंध आदि। इसी प्रकार शैली के आधार पर भी निबंधों को वर्णनात्मक, विवरणात्मक, कथात्मक या व्याख्यात्मक आदि वर्गों में बाँटा जाता है।

भारतेंदु युग में निबंध लेखन की परंपरा का विकास हुआ। पत्र-पत्रिकाओं ने इसके विकास एवं प्रसार में योगदान दिया। भारतेंदु हरिश्चंद्र, प्रताप नारायण मिश्र, बालकृष्ण भट्ट, प्रेमघन, बालमुकुंद गुप्त, ठाकुर जगन्मोहन सिंह आदि निबंधकारों ने राष्ट्रीय एवं सामाजिक विषयों पर अनेक निबंध लिखकर इस विधा को उन्नत किया। अधिकांश निबंधों की शैली हास्य-व्यंग्यात्मक एवं भावोत्तेजक थी।

द्विवेदी युग में महावीरप्रसाद द्विवेदी ने निबंधों को प्रौढ़ता प्रदान करने का कार्य किया। 'सरस्वती' पत्रिका में गद्य के विविध रूपों के साथ-साथ निबंध भी प्रकाशित हुए। इस काल के निबंधों में वैचारिक गंभीरता दिखाई देती है। अध्यापक पूर्णसिंह, गोविंद नारायण मिश्र, पद्मसिंह शर्मा, श्यामसुंदर दास आदि इस युग के श्रेष्ठ निबंधकार हैं। इस युग में आलोचनात्मक निबंधों की शाखा भी उपजी।

द्विवेदी युग के पश्चात् आचार्य रामचंद्र शुक्ल ने निबंधों को एक सशक्त विधा के रूप में स्थापित किया। उन्होंने अपनी मनोवैज्ञानिक शैली में अनेक विचार प्रधान निबंध लिखे, जिनमें गंभीरता, प्रौढ़ता व मौलिकता के दर्शन होते हैं। उनकी समास व सूत्रात्मक शैली और अत्यंत परिष्कृत भाषा से कोई भी विषय अछूता नहीं रहा। बाबू गुलाबराय, पदुमलाल पुन्नालाल बख्शी, शांतिप्रिय द्विवेदी, माखनलाल चतुर्वेदी आदि अन्य प्रमुख निबंधकार हैं।

शुक्ल जी के बाद हजारी प्रसाद द्विवेदी के गवेषणात्मक निबंध, जैनेंद्र कुमार के दार्शनिक निबंध, रघुवीर सिंह के भावात्मक निबंधों ने इस विधा को और समृद्ध किया। राहुल सांकृत्यायन, रामविलास शर्मा, यशपाल आदि ने प्रगतिशील विचारों को आधार बनाया तो विद्यानिवास मिश्र ने चिंतन प्रधान निबंध लिखकर इस विधा को समृद्ध बनाया। प्रभाकर माचवे, हरिशंकर परसाई, कुबेरनाथ राय आदि भी निबंध के क्षेत्र में महत्त्वपूर्ण हस्ताक्षर हैं।

कहानी

कहानी गद्य की अत्यधिक लोकप्रिय एवं प्राचीन विधा है। कहानी—कथा, आख्यायिका, आख्यान, आख्यानक, जातक और दंतकथा आदि अनेक रूप लिए हुए थी। हिंदी साहित्य में गद्य की एक विधा के रूप में आज की कहानी का प्रारंभ बीसवीं शताब्दी से माना जाता है।

वास्तव में कहानी एक ऐसी गद्य-विधा है, जिसमें लेखक अपनी कल्पनाशक्ति के सहारे कम-से-कम पात्रों अथवा चरित्रों के द्वारा कम-से-कम घटनाओं और प्रभावों की सहायता से मनोवांछित कथानक, चरित्र, वातावरण, दृश्य अथवा प्रभाव की सृष्टि करता है। कथावस्तु, चरित्र-सृष्टि, कथोपकथन, भाषाशिल्प, देश-काल-वातावरण और मूल संवेदना अथवा उद्देश्य एक प्रमुख तत्त्व है।

गद्य की अन्य विधाओं की भाँति हिंदी कहानी भी आधुनिक युग की देन है। यों तो उन्नीसवीं शती में 'नासिकेतोपाख्यान' (सदल मिश्र), 'रानी केतकी की कहानी' (इंशा अल्लाह खाँ), 'राजा भोज का सपना' (शिवप्रसाद सितारेहिंद), 'एक अद्भुत और अपूर्व स्वप्न' (भारतेंदु हरिश्चंद्र) आदि की रचना कथाशैली में की गई, किंतु आरोपित आदर्शवाद, चामत्कारिक प्रवृत्ति और अत्यधिक काल्पनिकता के कारण इन्हें कहानी मानने में संकोच होता है। किशोरीलाल गोस्वामी की 'इन्दुमती', 'ग्यारह

वर्ष का समय', बंग महिला की 'दुलाई वाली' आदि हिंदी की प्रारंभिक कहानियाँ मानी जाती हैं। ये कहानियाँ आधुनिक कहानी की कसौटी पर भले ही पूरी न उतरें, किंतु इनका ऐतिहासिक महत्त्व है। सन् 1909 ई. में 'इन्दु' के प्रकाशन से प्रसाद की कहानियाँ पाठकों के समक्ष आईं। प्रसाद जी की कहानियाँ विविध कहानी-संग्रहों–'छाया', 'आकाशदीप', 'इंद्रजाल', 'प्रतिध्वनि', और 'आँधी' में प्रकाशित हुई हैं। इनकी कहानियों में भावना और कल्पना का अद्भुत संयोग मिलता है। प्रसाद के समकालीन कहानीकारों में रायकृष्णदास, चंडीप्रसाद हृदयेश, विनोदशंकर व्यास आदि हैं, जिन्होंने भावप्रधान कहानी-परंपरा का अनुकरण किया।

प्रेमचंद हिंदी के कथासम्राट के रूप में उभरे। इन्होंने कहानियों को मानव-जीवन के यथार्थ से जोड़ा और समाज में व्याप्त रूढ़ियों, रीतियों, धर्म के बाह्याडंबर, राजनीति के खोखलेपन और आर्थिक वैषम्य के सशक्त चित्र प्रस्तुत किए। साथ ही आदर्शवादी समाधान भी दिए। उन्होंने मानवीय संवेगों और व्यक्ति-चरित्र के श्वेत-श्याम पक्ष को कहानी के केंद्र में रखा।

प्रेमचंद के समकालीन सामाजिक कहानीकारों में विश्वंभरनाथ शर्मा कौशिक, राधिकारमण प्रसाद सिंह, सुदर्शन आदि हैं। चतुरसेन शास्त्री और वृंदावनलाल वर्मा ने ऐतिहासिक और सामाजिक कहानियों की रचना की।

प्रेमचंद के बाद का युग विषय और शिल्प की दृष्टि से वैविध्य का काल है। इस युग में जैनेंद्र की कहानी-कला का दौर शुरू होता है। जैनेंद्र की कहानियों में व्यक्तियों की मानसिकता, उलझन, भटकाव आदि पर मनोवैज्ञानिक दृष्टि से विचार किया गया है। मनोवैज्ञानिक कथाकारों में इलाचंद्र जोशी, अज्ञेय, भगवतीप्रसाद वाजपेयी आदि भी उल्लेखनीय हैं। उग्र जी ने भी जीवन के कटु सत्यों पर आधारित जीवन-यथार्थ को रेखांकित करने वाली कहानियाँ लिखीं। इस युग के अन्य कहानीकारों में चंद्रगुप्त विद्यालंकार, विष्णु प्रभाकर, राहुल सांकृत्यायन

आदि भी उल्लेखनीय हैं। यशपाल, उपेंद्रनाथ अश्क, रांगेय राघव, अमृतलाल, भीष्म साहनी, अमरकांत, भैरवप्रसाद गुप्त तथा ज्ञानरंजन आदि हैं।

स्वाधीनता के बाद कहानी-आंदोलनों में 'नई कहानी' आंदोलन सर्वाधिक चर्चित रहा है। इसमें नगरीय परिवेश के विविध रूपों एवं संबंधों को उजागर करने का प्रयास है, साथ ही इसमें कुछ कहानीकार ऐसे भी हैं, ज़ो टूटते-उजड़ते ग्रामीण जीवन की तस्वीर भी प्रस्तुत कर रहे हैं। नई कहानी में व्यक्ति-मानस की टूटन को, उसके नितांत अकेलेपन को और संबंधों के खोखले स्वरूप को संपूर्ण यथार्थ के साथ उभारा गया है। इन कहानियों में अनास्था और अस्वीकार का भाव उभरकर आया है। इनमें अनुभूति की प्रत्यक्षता पर बल दिया गया है और बात कहने का सीधा ढंग अपनाया गया है। इन कहानीकारों में कमलेश्वर, मोहन राकेश, अमरकांत, दूधनाथ सिंह, निर्मल वर्मा, राजेंद्र यादव, मन्नू भंडारी, उषा प्रियंवदा, कृष्णा सोबती, श्रीकांत वर्मा, रघुवीर सहाय के नाम उल्लेखनीय हैं।

नई कहानी के संदर्भ में ही आंचलिक कहानी, सचेतन कहानी और अकहानी जैसे वर्गों की चर्चा की जाती है। आंचलिक कहानी के केंद्र स्थानीय परिवेश, ग्राम्यांचल, वहाँ का रहन-सहन, वहाँ का जीवन और उसका रंग चित्रित किया जाता है। फणीश्वरनाथ रेणु, शिवप्रसाद सिंह, राजेंद्र अवस्थी, शैलेश मटियानी आदि के नाम इस दृष्टि से उल्लेखनीय हैं।

'सचेतन कहानी' के रूप में कहानी की एक ऐसी धारा भी इस समय उपलब्ध होती हैं, जिसमें जिंदगी के अस्वीकार भाव की नहीं वरन् स्वीकार और सार्थक भाव की अनुगूँज है। इस प्रकार कहानियों में जीवन के स्वस्थ-सुंदर चित्र सुलभ होते है। डॉ. महीपसिंह, नरेंद्र कोहली, मनहर चौहान, योगेश गुप्त आदि इसी प्रकार के कहानीकार हैं।

नई कहानी में ही कहानी की एक धारा 'अकहानी' नाम से कही

जाती है। 'अकहानी' में जीवन के परंपरागत मूल्यों व कहानी के परंपरागत तत्त्वों दोनों के ही आविष्कार का भाव दिखाई देता है। इस परंपरा के कहानीकारों ने जीवन में बिखराव को मनोवैज्ञानिक दृष्टि से निरूपित किया है। इस प्रकार यौन-विसंगतियों का यहाँ खुलकर विवेचन हुआ है। रवींद्र कालिया, ज्ञानरंजन, रमेश बक्षी, सुदर्शन चोपड़ा आदि कहानीकारों की गिनती इस वर्ग में की जाती है।

आठवें-नवें दशक की कहानी समानांतर कहानी, जनवादी कहानी आदि नामों से जानी गई। इन कहानियों में सामाजिक सरोकार को प्रमुख स्थान प्राप्त हुआ है। दलित और स्त्री उत्पीड़न, रूढ़ियों और अमानवीयता के प्रति विरोध आदि इसके मुख्य स्वर हैं। उदय प्रकाश, पंकज बिष्ट, अब्दुल बिस्मिल्लाह, असगर वजाहत, अखिलेश, मैत्रेयी पुष्पा, प्रयाग शुक्ल, स्वयं प्रकाश आदि ऐसे ही कहानीकार हैं। आज भूमंडलीकरण के दौर में आर्थिक विषमता, बाज़ारवादी संस्कृति, यांत्रिकता आदि प्रभावों के बीच अपनी राह तलाशती हिंदी कहानी निरंतर आगे की ओर बढ़ रही है।

उपन्यास

उपन्यास एक कथात्मक गद्य विधा है, जिसका प्रादुर्भाव हिंदी साहित्य के आधुनिक काल में हुआ। कथा-साहित्य में उपन्यास सर्वप्रमुख विधा है, जो जीवन के संपूर्ण, सर्वांगीण चित्र को उद्घाटित करती है। जीवन और जगत् के अत्यधिक निकट होने के कारण उपन्यास सर्वाधिक लोकप्रिय साहित्य-रूप बन गया है।

लाला श्रीनिवास दास कृत 'परीक्षा गुरु' (1888 ई.) प्रथम औपन्यासिक कृति है। 'परीक्षा गुरु' के पश्चात् 'श्यामा स्वप्न', 'नूतन ब्रह्मचारी', 'निस्सहाय हिंदू', 'सौ अजान एक सुजान' आदि अनेक उपन्यास लिखे गए हैं। ये कृतियाँ विभिन्न शैलियों—आख्यानिका, गद्य-पद्य मिश्रित तथा

संवादात्मक शैली आदि में लिखी हुई हैं। इस समय हिंदी में एक ओर चरित्र प्रधान उपन्यासों तथा तिलिस्मी, ऐय्यारी एवं जासूसी उपन्यासों की भरमार रही। इस युग के उपन्यासकारों में लाला श्रीनिवास दास, किशोरीलाल गोस्वामी, बालकृष्ण भट्ट, ठाकुर जगन्मोहन सिंह, राधाकृष्ण दास, लज्जाराम शर्मा, देवकीनंदन खत्री एवं गोपालराम गहमरी के नाम उल्लेखनीय हैं।

प्रेमचंद के आविर्भाव से हिंदी उपन्यास के एक नए युग का और आरंभ हुआ। उनके उपन्यासों पर आर्यसमाज, तिलक और गाँधी की विचारधाराओं का प्रभाव दिखाई देता है। 'गबन', 'गोदान' 'रंगभूमि' आदि उनके प्रसिद्ध उपन्यास हैं। प्रेमचंद-युग में सर्वप्रथम उपन्यासों में घटनाओं तथा पात्रों के चरित्र-चित्रण को प्रमुख स्थान प्राप्त हुआ। जयशंकर प्रसाद, विश्वंभरनाथ, शिवपूजन सहाय, चंडीप्रसाद हृदयेश, राजा राधिकारमण प्रसाद सिंह आदि प्रेमचंद के ही समकालीन उपन्यासकार हैं।

प्रेमचंद के बाद 1950 ई. तक के उपन्यासों पर फ्रायड और मार्क्सवादी विचारधारा का प्रभाव रहा। 1950 से 1960 ई. के काल में अनेक प्रयोगात्मक विशेषताएँ दिखाई देती हैं। 1960 से 1970 ई. तक आधुनिकतावादी विचारधारा से ओतप्रोत उपन्यास लिखे गए। इस युग के उपन्यासकारों में जैनेंद्र, अज्ञेय, इलाचंद्र जोशी, यशपाल, भगवतीचरण वर्मा, उपेंद्रनाथ अश्क, अमृतलाल नागर आदि के नाम उल्लेखनीय हैं। ऐतिहासिक उपन्यासकारों में चतुरसेन शास्त्री एवं वृंदावनलाल वर्मा के अतिरिक्त हजारी प्रसाद द्विवेदी का विशिष्ट स्थान है।

स्वतंत्रता के बाद आंचलिक औपन्यासिक परंपरा में देवेंद्र सत्यार्थी, रांगेय राघव, फणीश्वरनाथ रेणु, भैरवप्रसाद गुप्त, बलभद्र ठाकुर, अमरकांत व शैलेश मटियानी आदि के नाम उल्लेखनीय हैं। इस प्रकार साठोत्तरी उपन्यास साहित्य में महानगरीय सभ्यता, परिवर्तित परिवेश, कुंठा व विद्रोह की अभिव्यक्ति हुई है। हिंदी उपन्यास निरंतर विकासोन्मुख है।

आलोचना

'आलोचना' शब्द का अर्थ है, किसी वस्तु या पदार्थ को विशेष मर्यादित अथवा नियंत्रित दृष्टि से देखना, संतुलित दृष्टि से किसी रचना के गुण-दोषों का कथन करना। साहित्यिक रचनाओं के आनंददायी सौंदर्य तत्त्वों का उद्घाटन करना और फिर अपनी व्याख्या द्वारा पाठक को भी वैसे ही अनुभूति कराना समालोचना है।

भारतेंदु युग में हिंदी आलोचना का आरंभ पत्र-पत्रिकाओं के माध्यम से हुआ। किंतु उसका उत्कृष्ट उदाहरण इस काल में नहीं मिलता। इस युग में भारतेंदु हरिश्चंद्र, प्रेमघन, बालकृष्ण भट्ट, बालमुकुंद गुप्त आदि ने अनेक कृतियों की आलोचना कर इस विधा को आगे बढ़ाया।

द्विवेदी काल में पं. महावीरप्रसाद द्विवेदी, डॉ. श्यामसुंदर दास, पं. पद्मसिंह शर्मा, पं. कृष्णबिहारी मिश्र आदि ने समीक्षा-कार्य का क्षेत्र विस्तृत किया। इस काल में समीक्षा की तुलनात्मक पद्धति का भी विकास हुआ।

आलोचना को परिष्कृत एवं व्यवस्थित साहित्यिक विधा देने का श्रेय आचार्य रामचंद्र शुक्ल को है। गंभीर और विश्लेषणात्मक आलोचना के प्रादुर्भाव का श्रेय शुक्ल जी को है। शुक्ल जी के मौलिक चिंतन पर भारतीय एवं पाश्चात्य सिद्धांतों का गहरा प्रभाव है। द्विवेदी युग में आलोचना साहित्य समृद्ध हुआ। सामान्य-पुस्तक समीक्षा के साथ ही कवियों और काव्यकृतियों के संबंध में गंभीर साहित्यिक आलोचनाएँ भी प्रकाशित हुईं। बाबू गुलाबराय, पं. विश्वनाथ प्रसाद मिश्र, डॉ. लक्ष्मीसागर वार्ष्णेय, डॉ. देवराज, डॉ. केसरीनारायण शुक्ल, डॉ. इन्द्रनाथ मदान, डॉ. श्रीकृष्णलाल आदि प्रमुख आलोचक हैं। प्रगतिवादी विचारधारा के आलोचकों में डॉ. रामविलास शर्मा, प्रकाशचंद्र गुप्त, अमृतराय, डॉ. नामवर सिंह तथा मुक्तिबोध, मनोविश्लेषणात्मक आलोचकों में अज्ञेय, इलाचंद्र जोशी, देवराज उपाध्याय और आधुनिक समीक्षकों में डॉ. रघुवंश, धर्मवीर भारती, प्रभाकर माचवे, रामचंद्र तिवारी, विजयेंद्र स्नातक, देवीशंकर अवस्थी, नेमिचंद्र जैन, रामस्वरूप चतुर्वेदी एवं लक्ष्मीकांत वर्मा उल्लेखनीय हैं।

नाटक

'नाटक' शब्द की उत्पत्ति 'नट' धातु से हुई है। नट् का अर्थ है अभिनय। इस प्रकार नाटक का अर्थ हुआ जिसमें अभिनय की प्रधानता हो। अभिनय होता है अनुकरण से। नाटक में वास्तविकता का अनुकरण जीते-जागते साधनों द्वारा किया जाता है। इसमें घटनाएँ घटित होती दिखाई जाती हैं। वस्तु, नेता (चरित्र) और रस उसके मुख्य तत्त्व हैं। शास्त्र और कलाओं की दृष्टि से इसमें चित्रकला, संगीत, नृत्य, काव्य, इतिहास, समाजशास्त्र आदि सभी शास्त्रों और कलाओं का आश्रय लिया जाता है। नाटक में संवादों के माध्यम से सहृदय के साथ संबंध स्थापित किया जाता है। इसलिए नाटक की भाषा सरल, प्रवाहमयी और रंजक होते हुए भी व्यंग्यार्थ की अभिव्यक्ति में पूर्ण होनी चाहिए।

नाटक साहित्य का विकास भारतेंदु युग में हुआ। भारतेंदु हरिश्चंद्र का इस दिशा में योगदान विशेष रूप से उल्लेखनीय है। उन्होंने 'सत्य हरिश्चंद्र','विषस्य विषमौषधम्', 'भारत-दुर्दशा', 'नील देवी', 'भारत जननी' आदि कई प्रसिद्ध नाटक लिखे। उस युग के अन्य नाटककारों ने साधारण ढंग के नाटकों की रचना की। देवकीनंदन त्रिपाठी, अम्बिकादत्त व्यास, बदरीनारायण चौधरी, बलेदव प्रसाद मिश्र, प्रतापनारायण मिश्र आदि ऐसे ही नाटककार हैं। संस्कृत, अंग्रेज़ी और बंगला से भी नाटकों का अनुवाद किया गया। किंतु कुछ समय बाद जयशंकर प्रसाद ने नाटक-साहित्य में राष्ट्र-प्रेम, समाज-सुधार, तथा सत्य, प्रेम, अहिंसा जैसे मूल्यों से प्रेरित और प्रभावित होकर नाट्य-साहित्य में क्रांतिकारी परिवर्तन उपस्थित किया। अन्य नाटककारों में गोविंद बल्लभ पंत, उदयशंकर भट्ट, हरिकृष्ण प्रेमी, लक्ष्मीनारायण मिश्र और सेठ गोविंददास विशेष रूप से उल्लेखनीय हैं। वस्तुतः उत्तर प्रसाद युग समस्या नाटकों का युग कहा जा सकता है। जिसके प्रतिनिधि श्री लक्ष्मीनारायण मिश्र माने जाते हैं। सन् 1954-55 ई. से हिंदी-नाटक के क्षेत्र में रोमांटिक भावबोध से मुक्त होने की प्रवृत्ति साफ लक्षित होती है। भुवनेश्वर प्रसाद, मोहन राकेश तथा धर्मवीर भारती

इस दृष्टि से विशेष उल्लेखनीय नाटककार हैं।

आधुनिक युग के नाटककारों में चंद्रगुप्त विद्यालंकार, विनोद रस्तोगी, नरेश मेहता, मन्नू भंडारी, शिवप्रसाद सिंह, ज्ञानदेव अग्निहोत्री, रमेश बक्षी, गिरिराज किशोर, सुरेंद्र वर्मा, सर्वेश्वरदयाल सक्सेना, मुद्राराक्षस, विपिन अग्रवाल आदि के नाम उल्लेखनीय हैं। इन सबसे अलग नुक्कड़ नाटकों ने भी अपनी एक विशेष पहचान बनाई है, जिसमें सफदर हाशमी का प्रमुख योगदान है।

एकांकी

एकांकी का अर्थ है—एक अंक वाला नाटक। संस्कृत के रूपक के भेदों के अंतर्गत भाण, वीथि आदि एक अंक वाले नाटकों का वर्णन किया गया है। किंतु उस समय इनका प्रचलन कम था। आधुनिक युग में पश्चिमी साहित्य के प्रभाव स्वरूप एकांकी 'वन एक्ट प्ले' (one act play) के रूप में हिंदी साहित्य में आया।

नाटक के समान एकांकी भी दृश्य काव्य है। यह एक ऐसी अभिनेय विधा है, जिसमें संपूर्ण कथानक एक ही अंक में समाप्त हो जाता है। एकांकी का स्वरूप नाटक से भिन्न माना जाता है। इसके स्वरूप-विधान में एक अंक, एक ही घटना और भाव, जीवन के एक भाग, कार्य और उद्देश्य आदि के एकत्व की संकल्पना प्रमुख रहती है। अतः इसका एकांकी नाम सार्थक है। कथावस्तु, पात्र और चरित्र-चित्रण, कथोपकथन, संकलन-त्रय, भाषा-शैली, अभिनेयता, द्वंद्व या संघर्ष तथा प्रभाव ऐक्य इसके प्रमुख तत्त्व हैं। एकांकी की कथावस्तु में एकत्व अनिवार्य है।

हिंदी साहित्य में एकांकी का प्रारंभ प्रसाद के 'एक घूँट' एकांकी से हुआ। प्रसाद के बाद रामकुमार वर्मा के एकांकी 'बादल की मृत्यु' (1930 ई.) का नाम आता है। पाश्चात्य ढंग के एकांकी का सूत्रपात्र करने का श्रेय भुवनेश्वर प्रसाद के 'कारवाँ' (1935 ई.) नामक एकांकी-संग्रह

को दिया जाता है। इस संग्रह के एकांकियों में लेखक ने अपने आसपास की जिंदगी की अनेक परतों को उघाड़कर देखने का प्रयास किया है। गणेशप्रसाद द्विवेदी, उदयशंकर भट्ट, सेठ गोविंददास, जगदीशचंद्र तथा भगवतीचरण वर्मा आदि एकांकीकार उस युग में विशेष लोकप्रिय हुए। उपेंद्रनाथ अश्क ने मध्यवर्गीय जीवन की समस्याओं को तल्खियों के साथ उभारा है। उदयशंकर भट्ट में सामाजिक जीवन की समस्याओं और जगदीशचंद्र माथुर में विशिष्ट मनःस्थितियों की अभिव्यक्ति हुई है।

सन् 1936 ई. में दिल्ली में और सन् 1938 ई. में लखनऊ में आकाशवाणी के अस्तित्व में आने से उर्दू, हिंदी के लेखकों को रेडियो पर एकांकियों के प्रसारण का अवसर मिला जिससे इस विधा को प्रोत्साहन मिला। छायावादोत्तर काल में भुवनेश्वर, रामकुमार वर्मा, उदयशंकर भट्ट, उपेंद्रनाथ अश्क आदि एकांकीकारों ने अपनी पहचान बनाई। स्वातंत्र्योत्तर एकांकीकारों में विष्णु प्रभाकर, लक्ष्मीनारायण, धर्मवीर भारती, नरेश मेहता, मोहन राकेश, विनोद रस्तोगी, रेवतीशरण शर्मा, चिरंजीत, ममता कालिया, सिद्धनाथ कुमार, विपिन कुमार अग्रवाल, स्वदेश दीपक आदि उल्लेखनीय हैं। जिन्होंने विषय-वैविध्य के साथ-साथ शिल्प-वैविध्य में भी अपनी पहचान बनाई है। रेडियो एकांकी के साथ-साथ दूरदर्शन एकांकियों की भी रचना हुई। ध्वनि रूपक, एक पात्रीय एकांकी, मैलोड्रामा, फैंटेसी आदि भी एकांकी के अन्य रूप हैं।

रेखाचित्र

अंग्रेज़ी के 'स्कैच' (Sketch) शब्द के पर्यायवाची के रूप में रेखाचित्र शब्द को स्वीकार किया गया है। कुछ विद्वान इसे शब्दचित्र भी कहते हैं। गद्य की इस विधा में साहित्यकार न्यूनतम शब्दों के माध्यम से जीवन की विविध घटनाओं, व्यक्तियों तथा दृश्यों का ऐसा मर्मस्पर्शी भावपूर्ण और सजीव चित्र प्रस्तुत करता है, कि पाठक के सम्मुख व्यक्ति,

वातावरण, स्थान अथवा प्रसंग साकार हो जाते हैं। इस विधा में लेखक की बुद्धि, भाव और कल्पना का अनूठा सामंजस्य रहता है।

कहानी के समान इसमें जीवन की कोई झलक रहती है। नाटक या एकांकी की भाँति इसमें चरित्र की अन्तःस्थितियों का निरंतर उद्‌घाटन होता चलता है। निबंध के समान इसमें लेखक का व्यक्तित्व भी झलकता है। पात्र या वस्तु रेखाचित्र का प्रमुख तत्त्व है। साहित्यकार अपने पात्र के अंतर्बाह्य स्वरूप के साथ-साथ उसके मन के सूक्ष्म भावों को भी शब्दों के माध्यम से अभिव्यक्त करने का प्रयास करता है। शब्द-योजना और वाक्य-विन्यास का पूर्ण ध्यान रखना पड़ता है। पात्रानुकूल भाषा रेखाचित्र को सजीवता प्रदान करती है। प्रत्यक्ष अथवा अप्रत्यक्ष रूप से साहित्यकार अपनी रचना में कोई-न-कोई उद्देश्य अवश्य सँजोए रहता है। महादेवी वर्मा ने रेखाचित्रों में अपनी सहानुभूति के सहारे दलित एवं पिछड़े हुए वर्ग के व्यक्तियों का अंतरंग चित्रण किया है। इन रेखाचित्रों में लेखिका की प्रतिक्रिया तथा दबा विद्रोह भी मुखरित हो उठा है। इस प्रकार रेखाचित्र का तीसरा प्रमुख तत्त्व है–उद्देश्य।

गद्य की एक नई विधा के रूप में रेखाचित्र का प्रचलन छायावाद युग में प्रारंभ हुआ। इसके विकास में श्रीराम शर्मा, बनारसीदास चतुर्वेदी तथा महादेवी वर्मा ने उल्लेखनीय योग दिया। श्रीराम शर्मा कृत 'बोलती प्रतिमा' 1937 ई. में प्रकाशित हुआ। बनारसीदास चतुर्वेदी तथा महादेवी के रेखाचित्र पत्र-पत्रिकाओं में प्रकाशित हुए। चतुर्वेदी जी ने संतों, समाजसेवियों, देशसेवकों और साहित्यकारों के रेखाचित्र लिखे। व्यक्ति के गुणों का उद्‌घाटन करने पर ही उनका विशेष बल रहा। बनारसीदास चतुर्वेदी ने रोचक शैली तथा छोटे-छोटे वाक्यों के माध्यम से पाठक के मन पर अमिट छाप छोड़ देने वाली रचनाओं की सृष्टि की। महादेवी ने अपने रेखाचित्रों का कथ्य बनाया है–समाज के दीन-हीन, शोषित प्राणियों को। इनके रेखाचित्रों में संवेदनशीलता, भावुक कल्पना और कलात्मक अभिव्यक्ति का अनूठा संगम मिलता है।

छायावादोत्तर काल में रेखाचित्र-साहित्य के उन्नयन की दिशा में श्रीपतराय द्वारा संपादित 'हंस' पत्रिका (रेखाचित्र विशेषांक, मार्च, 1939) उल्लेखनीय है। इसमें हिंदी तथा अन्य भारतीय भाषाओं के लेखकों द्वारा रचित रेखाचित्र भी प्रकाशित हुए। बनारसीदास चतुर्वेदी का स्थान रेखाचित्र लेखकों में सर्वोत्तम है। श्रीराम शर्मा और रामवृक्ष बेनीपुरी आदि भी उल्लेखनीय रेखाचित्रकार हैं।

रेखाचित्र-साहित्य की श्रीवृद्धि में महादेवी वर्मा ने सर्वाधिक योगदान दिया। 'अतीत के चलचित्र', 'स्मृति की रेखाएँ', 'पथ के साथी' और 'स्मारिका' उनके उल्लेखनीय संग्रह हैं। शिवपूजन सहाय, सत्यवती मलिक, डॉ. नगेंद्र, जगदीशचंद्र माथुर, माखनलाल चतुर्वेदी, कन्हैयालाल मिश्र प्रभाकर, विनय मोहन शर्मा, प्रकाशचंद्र गुप्त, रघुवीर सहाय, कृष्णा सोबती आदि साहित्यकारों ने भी अनेक भावपूर्ण रेखाचित्र अंकित किए हैं तथा अन्य अनेक साहित्यकारों ने भी रेखाचित्र विधा को समृद्ध किया है।

संस्मरण

संस्मरण का अर्थ है सम्यक् स्मरण करना अर्थात् सहज आत्मीयता तथा गंभीरता से स्मरण करना। गद्य की नव विकसित विधाओं में संस्मरण विधा भी उल्लेखनीय है। यह विधा मूलतः जीवनी परक है, लेकिन प्रबंध के स्थान पर 'खंड' कोटि के अंतर्गत आती है। दूसरों के विषय में अपनी स्मृति के आधार पर जो विशेष घटनाएँ वर्णित की जाती है उन्हें संस्मरण कहा जाता है।

इसमें लेखक, किसी घटना, वस्तु या व्यक्ति से जुड़े हुए अनुभवों को कलात्मक ढंग से प्रस्तुत करता है और किसी अज्ञात तथ्य का साक्षात्कार कराना चाहता है। सामान्यतः ये अनुभव किसी विशिष्ट प्रेरणाप्रद व्यक्ति, वस्तु या स्थान से जुड़े होते हैं। कभी-कभी किसी सामान्य जन से जुड़े अनुभव भी हो सकते हैं। अतीत की स्मृति, व्यक्तित्व

का चरित्रांकन, आत्मीय एवं श्रद्धापरक अंतरंगता तथा तथ्यात्मकता इसके मुख्य तत्त्व हैं। संस्मरण वर्णनात्मक, संवेदनात्मक, यथार्थवादी, आत्मकथातत्व, जीवनी प्रधान, यात्रा प्रधान, घटना प्रधान आदि कई वर्गों में बाँटे जाते हैं, जिन्हें मुख्यतः चरित्र प्रधान और घटना प्रधान—दो वर्गों में रखा जा सकता है। चरित्र प्रधान संस्मरणों में घटनाओं की अपेक्षा संस्मरण नायक के बाह्य एवं आंतरिक चरित्र का उद्घाटन किया जाता है, जबकि घटना प्रधान संस्मरण में चरित्र की तुलना में घटनाएँ प्राथमिकता पाती हैं। संस्मरण विधा द्विवेदी युग में सरस्वती के माध्यम से प्रकाश में आई। महावीर प्रसाद द्विवेदी के 'अनुमोदन का अंत', 'सभा की सभ्यता', विज्ञानाचार्य बसु का 'विज्ञान मंदिर' कुछ प्रासंगिक संस्मरण हैं।

हिंदी में प्रेमचंद ने 'हंस' पत्रिका का संस्मरण-अंक निकाला था। रघुवीर सिंह की पुस्तक 'शेष स्मृतियाँ' में संस्मरणात्मक निबंध बहुत पहले निकले थे जिसकी भूमिका पं. रामचंद्र शुक्ल ने लिखी थी। सियारामशरण गुप्त, जैनेंद्र कुमार, बनारसीदास चतुर्वेदी, श्रीराम शर्मा, भगवतशरण उपाध्याय, राधिका रमण प्रसाद सिंह, महादेवी वर्मा, शांतिप्रिय द्विवेदी, कन्हैयालाल मिश्र प्रभाकर, शिवरानी देवी, अज्ञेय, चतुरसेन शास्त्री, पदुमलाल पुन्नालाल बख्शी, रायकृष्णदास, क्षेमचंद्र सुमन, जगदीशचंद्र माथुर, परिपूर्णानंद वर्मा आदि के संस्मरण विशेष उल्लेखनीय हैं।

अन्य भाषाओं से अनूदित संस्मरणात्मक रचनाओं ने भी इस विधा को समृद्ध करने में योगदान दिया। अमृता प्रीतम, नयनतारा सहगल, संपूर्णानंद, रायकृष्णदास, हरिभाऊ उपाध्याय, हजारी प्रसाद द्विवेदी, अज्ञेय, रामकुमार वर्मा, विष्णु प्रभाकर द्वारा भी श्रेष्ठ संस्मरणात्मक साहित्य की रचना हुई। इस दिशा में मनोहर श्याम जोशी का योगदान भी अविस्मरणीय है। रचनाओं के बहाने 'रघुवीर सहाय संस्मरण', 'लखनऊ मेरा लखनऊ' उनके चर्चित संस्मरण संग्रह हैं। हिंदी साहित्य में संस्मरण विधा निरंतर प्रगति की ओर अग्रसर है।

यात्रावृत्तांत

यात्रावृत्तांत में देश-विदेश के विविध स्थानों का प्राकृतिक सौंदर्य, जीवन की विभिन्न स्थितियाँ और संदर्भ, सामाजिक-सांस्कृतिक परिवेश, इतिहास अभिरुचि आदि का वर्णन कलात्मक शैली में मिलता है, जिसे पढ़कर पाठक स्वयं को लेखक के साथ-साथ उन स्थानों पर घूमते हुए पाता है।

हिंदी में यात्रा-साहित्य का विकास भारतेंदु युग से ही प्रारंभ होता है। भारतेंदु द्वारा लिखित 'सरयूपार की यात्रा', 'लखनऊ की यात्रा', 'हरिद्वार की यात्रा' उल्लेखनीय हैं। बालकृष्ण भट्ट ने 'गया-यात्रा' तथा प्रतापनारायण मिश्र ने 'विलायत-यात्रा' नामक रचनाएँ लिखीं। पुस्तकाकार में प्रकाशित यात्रा-साहित्य में हरदेवी रचित 'लंदन-यात्रा', भगवानदास वर्मा द्वारा रचित 'लंदन का यात्री' उल्लेखनीय हैं। भारतेंदु युग में यात्रावृत्तांत लेखन की अखंड परंपरा दिखाई देती है। द्विवेदी युग में यात्रा-संबंधी उल्लेखनीय कृति 'बद्रिकाश्रम-यात्रा', गोपालराम गहमरी की 'लंका यात्रा का वर्णन' भी उल्लेखनीय हैं। स्वामी सत्यदेव परिव्राजक इस युग के सर्वाधिक उल्लेखनीय यात्रावृत्त लेखक हैं। उनकी तीन कृतियाँ—'अमरीका दिग्दर्शन', 'मेरी कैलास-यात्रा' तथा 'अमरीका-भ्रमण' उपलब्ध हैं। द्विवेदी युग में रचित यात्रा-संबंधी रचनाओं ने भावी विकास की दिशा में अपना सहयोग दिया।

छायावाद युग में भी पर्याप्त यात्रा-संबंधी साहित्य लिखा गया। जवाहरलाल नेहरू द्वारा लिखित 'रूस की सैर' में रूस की रमणीय छटा का सजीव वर्णन है। यात्रा-साहित्य के लेखन में राहुल सांकृत्यायन का अन्यतम स्थान है। उनके जीवन का बहुत बड़ा भाग घूमने-फिरने में व्यतीत हुआ था। उन्होंने 'तिब्बत में सवा वर्ष', 'मेरी यूरोप-यात्रा', 'मेरी तिब्बत-यात्रा' शीर्षक कृतियों की रचना की। तिब्बत के प्राकृतिक सौंदर्य का भी मनमोहक निरूपण मिलता है। संतराम कृत 'स्वदेश-विदेश-यात्रा' का छायावादोत्तर युग में विशेष स्थान है।

रामवृक्ष बेनीपुरी की 'पैरों में पंख बाँधकर' 'उड़ते चलो उड़ते चलो', अज्ञेय की 'अरे यायावर रहेगा याद', 'एक बूँद सहसा उछली' आदि महत्त्वपूर्ण यात्रावृत्तांत हैं। यशपाल, दिनकर, प्रभाकर माचवे, मोहन राकेश, निर्मल वर्मा, अमृता प्रीतम, बलराज साहनी, कमलेश्वर आदि भी इस विधा में महत्त्वपूर्ण हस्ताक्षर माने जा सकते हैं। पत्र-पत्रिकाओं में प्रकाशित यात्रा संबंधी लेख भी इस विधा को आगे बढ़ाने में योगदान दे रहे हैं।

आत्मकथा

आत्मकथा जीवनी का ही दूसरा रूप है। दोनों में अंतर यह है—'आत्मकथा' व्यक्ति स्वयं लिखता है, जबकि 'जीवनी' किसी अन्य व्यक्ति द्वारा लिखी जाती है। इसलिए जीवनी की तुलना में इसका साहित्यिक और सामाजिक महत्त्व कहीं अधिक है। आत्मकथा लिखना तलवार की धार पर चलने के समान है। आत्मकथा लेखक के जीवन की दुर्बलताओं और सबलताओं का वह संतुलित और व्यवस्थित चित्रण है जो उसके संपूर्ण व्यक्तित्व के निष्पक्ष उद्घाटन में समर्थ होता है।

बीसवीं शताब्दी में आत्मकथा विधा प्रकाश में आई। प्रारंभिक आत्मकथाओं में सत्यानंद की 'मुझमें दैवी-जीवन का विकास' तथा परमानंद की 'आपबीती' उल्लेखनीय हैं। राजनेताओं में से अनेक ने आत्मकथाएँ लिखीं, पर पं. जवाहरलाल नेहरू की आत्मकथा 'मेरी कहानी' तथा प्रथम राष्ट्रपति बाबू राजेंद्र प्रसाद की 'आत्मकथा' सर्वाधिक चर्चित रही। बलराज साहनी, भवानीदयाल संन्यासी, जानकी देवी बजाज और मोरारजी देसाई की आत्मकथाएँ भी काफी लोकप्रिय हुईं।

साहित्यकारों की आत्मकथाओं में श्यामसुंदर दास की 'मेरी आत्मकहानी' प्रथम कृति है। राहुल जी ने अपनी आत्मकथा 'मेरी जीवनयात्रा' शीर्षक से प्रकाशित की। 'सिंहावलोकन' यशपाल के संघर्षमय

क्रांतिकारी जीवन की आत्मकथा है। वृंदावनलाल वर्मा ने अपने जीवन की कथा को 'अपनी कहानी' शीर्षक से लिखा है। गुलाबराय ने अपने जीवन की कथा को 'मेरी असफलताएँ' शीर्षक से प्रस्तुत किया है। विख्यात कवि हरिवंशराय बच्चन की आत्मकथा—'क्या भूलूँ क्या याद करूँ', 'नीड़ का निर्माण फिर', 'बसेरे से दूर' तथा 'दशद्वार से सोपान तक' शीर्षकों में प्रकाशित हुई है। रामदरश मिश्र, नरेन्द्र मोहन आदि के प्रयास भी उल्लेखनीय हैं। हाल ही में प्रकाशित ओमप्रकाश वाल्मीकि की 'जूठन' आत्मकथा भी अत्यधिक चर्चित है। मोहनदास नैमिशराय की 'अपने-अपने पिंजरे', सूरजपाल चौहान की 'संतप्त' आदि दलित लेखकों की उल्लेखनीय आत्मकथाएँ हैं।

अन्य भाषाओं से अनूदित होकर भी हिंदी में अनेक आत्मकथाएँ आई हैं। वेद मेहता की शिवकुमार द्वारा अनूदित आत्मकथा 'मेरा जीवन-संघर्ष', मौलाना अबुल कलाम आजाद की महेंद्र चतुर्वेदी द्वारा अनूदित आत्मकथा 'आज़ादी की कहानी' तथा जोश मलीहाबादी की हसंराज रहबर द्वारा अनूदित आत्मकथा 'यादों की बारात' उल्लेखनीय हैं।

जीवनी

जीवनी सत्य घटनाओं पर आधारित होती है। इसमें लेखक किसी दूसरे के जीवन तथा उसके कार्यकलाप को केंद्र बनाकर उसके जीवन तथ्यों और चरित्र का विश्लेषण किया जाता है। इसमें व्यक्ति विशेष के अंतःबाह्य का लेखा-जोखा यथार्थ के परिवेश में प्रस्तुत किया जाता है। जीवनी विधा का विशेष साहित्यिक महत्त्व है। यह पाठकों के मन में नवस्फूर्ति और नवचेतना के संचार का एक सबल साधन है।

जीवनी के अनिवार्य तत्त्व हैं—मानवकेंद्रता, संतुलित प्रसंग-चयन, क्रमबद्धता, बहिरंग और अंतरंग का समन्वय, निष्पक्षता, सहृदयता।

जीवनी-साहित्य का आरंभ भारतेंदु-युग में हुआ। स्वयं भारतेंदु ने

विक्रम, कालिदास, रामानुज, जयदेव, सूरदास, शंकराचार्य, वल्लभाचार्य, मुगल बादशाहों, महापुरुषों से संबंधित अनेक जीवनियाँ लिखीं। विषय तथा भावानुकूल भाषाशैली के प्रयोग द्वारा व्यक्ति विशेष के जीवनवृत्त का सशक्त अंकन उनके जीवनी-साहित्य की प्रमुख विशेषता है। उस युग के सर्वप्रसिद्ध जीवनी-लेखक देवीप्रसाद मुंसिफ थे।

द्विवेदी-युग में महर्षि दयानंद का जीवन-चरित अधिक मात्रा में लिखा गया। इसका मुख्य कारण यह था कि इस युग में आर्यसमाज द्वारा किए गए कार्य अपनी पराकाष्ठा पर थे। लोगों को प्रेरणा देने के लिए अन्य महापुरुषों की जीवनियाँ भी लिखी गईं। महादेव भट्ट की 'लाजपत महिमा', पारसनाथ त्रिपाठी की 'तपोनिष्ठ महात्मा अरविंद घोष', मुकंदीलाल वर्मा की 'कर्मवीर गाँधी', संपूर्णानंद की 'महात्मा गोखले', नंदकुमार देव शर्मा की 'दादाभाई नौरोजी', बद्रीप्रसाद गुप्त की 'मदनमोहन मालवीय' आदि कृतियाँ उल्लेखनीय हैं। इन जीवनियों का मूल उद्देश्य उस समय की जनता के मन में राष्ट्र प्रेम उत्पन्न करना था। छायावाद युग में जीवनी-लेखन की दिशा में पर्याप्त विकास हुआ। राष्ट्रीय नेताओं तथा भारतीय इतिहास से संबंधित महापुरुषों की जीवनियाँ लिखी गईं। रामनरेश त्रिपाठी, संपूर्णानंद, चंद्रशेखर पाठक, सुखसंपति राय भंडारी, रामवृक्ष शर्मा, गौरीशंकर, हीराचंद ओझा, गंगाप्रसाद मेहता, प्रेमचंद आदि ने इस साहित्य-विधा को समृद्ध किया। छायावादोत्तर युग में जीवनी-साहित्य का पर्याप्त विकास हुआ। लोकप्रिय नेताओं, संत-महात्माओं, साहित्यकारों, महापुरुषों, वैज्ञानिकों, खिलाड़ियों आदि से संबंधित जीवनियाँ प्रचुर मात्रा में लिखी गईं। महात्मा गाँधी इस युग के सर्वाधिक लोकप्रिय नेता थे। उनसे संबंधित जीवनियाँ सबसे अधिक लिखी गईं। जवाहरलाल नेहरू, नेताजी सुभाषचंद्र बोस तथा लौहपुरुष बल्लभभाई पटेल की जीवनियाँ भी अधिक संख्या में लिखी गईं। संत-महात्माओं के जीवन-चरित लेखन की दिशा में भदंत आनंद कौसल्यायन, सुंदरलाल, दीनदयाल उपाध्याय और बलदेव उपाध्याय कृत

'भगवान बुद्ध', 'हजरत मोहम्मद', 'जगत्गुरु शंकराचार्य' तथा 'श्री शंकराचार्य' आदि कृतियाँ उल्लेखनीय हैं। विदेशी महापुरुषों की जीवनियाँ भी लिखी गईं। 'इटली का तानाशाह मुसोलिनी', 'स्टालिन', 'हिटलर, 'कार्ल मार्क्स' आदि कई जीवनियाँ लिखी गईं। कुछ लेखकों ने साहित्यकारों के जीवन-चरित भी प्रस्तुत किए। अमृतराय की 'कलम का मजदूर', 'कलम का सिपाही', रामविलास शर्मा की 'निराला की साहित्य-साधना', बांग्ला के महान उपन्यासकार शरत्चंद्र के जीवन पर विष्णु प्रभाकर द्वारा रचित 'आवारा मसीहा' आदि कृतियाँ विशेष रूप से पठनीय हैं।

इस युग में दूसरी भाषाओं में लिखे गए उच्चकोटि के जीवन-ग्रंथों का अनुवाद भी किया गया। इस दृष्टि से बनारसीदास चतुर्वेदी, रामनाथ सुमन द्वारा अनूदित 'महात्मा काउंट लियो टॉल्सटॉय', लालबहादुर शास्त्री द्वारा अनूदित 'श्रीमती क्यूरी' तथा रामनारायण चौधरी के नाम विशेष उल्लेखनीय हैं। जीवनी-साहित्य में विषय, परिमाण और स्तर की दृष्टि से अभी बहुत प्रयास अपेक्षित है।

व्यंग्य

हिंदी साहित्य में व्यंग्य-विधा को आजकल महत्त्वपूर्ण प्रतिष्ठा प्राप्त है। जीवन और जगत की जितनी सुंदर और सर्वांगपूर्ण अभिव्यक्ति व्यंग्य-विधा में होती है, उतनी साहित्य की अन्य विधाओं में मिलना मुश्किल है। समाज की व्यवस्था, जीवन परिवेश में व्याप्त विसंगतियों और अंतर्विरोधों को उघाड़ कर समाज को परिवर्तन की दिशा में अग्रसर करने में व्यंग्य एक सशक्त विधा के रूप में उभरा है।

हिंदी में व्यंग्य की विधा अत्यंत प्राचीन है। इस दृष्टि से संत कबीर, तुलसीदास, सूरदास, नाथों-सिद्धों आदि के व्यंग्य का प्रभाव सामाजिक जीवन पर पड़ा है। भारतेंदु की मुकरियों, प्रहसनों आदि ने भी ऐसा ही कार्य किया है। हिंदी साहित्य की दीर्घ परंपरा में भारतेंदु

हरिश्चंद्र से लेकर रामवृक्ष बेनीपुरी तक अनेक रचनाधर्मियों ने व्यंग्य का प्रयोग अनेकानेक उद्देश्यों से किया है। भारतेंदु-युग में अंग्रेजों की साम्राज्यवादी नीति, दरबार तथा युद्ध संबंधी विचार, नौकरशाही, नगर निगम आदि की कार्यप्रणाली को लेकर व्यंग्य का उपयोग किया गया है। तत्कालीन समाज की दुरवस्था को लेकर बाल विवाह, विधवा विवाह, अनमेल विवाह, अंधविश्वास, मूर्खता, कुव्यसन आदि पर प्रहार करने के लिए भी व्यंग्य का उपयोग हुआ है। इस प्रकार भारतेंदु युग के व्यंग्य का मुख्य आधार सामाजिक, नैतिक, धार्मिक, राजनीतिक तथा मानसिक विकृतियाँ हैं। उन्नीसवीं शताब्दी के उत्तरार्द्ध में भारतेंदु, प्रतापनारायण मिश्र, बालमुकुंद गुप्त ने हिंदी व्यंग्य को आरंभ किया। बालमुकुंद गुप्त की रचनाओं ने व्यंग्य, कटाक्ष, विनोद तथा हास्य के माध्यम से एक भिन्न शैली प्रस्तुत की। इनकी हास्य-व्यंग्य दृष्टि भारतेंदुयुगीन रचनाकारों से भिन्न थी। 'शिवशंभु शर्मा' के नाम से लिखी गई इनकी व्यंग्य रचनाओं में प्रखर प्रहारात्मकता है।

बाबू गुलाबराय शुक्ल-युग के समर्थ रचनाकारों में थे। हरिशंकर शर्मा और बेढब बनारसी की हास्य-व्यंग्य संबंधी रचनाएँ भी इसी युग में प्रकाश में आईं। हिंदी साहित्य में व्यंग्य पुष्ट करने में प्रेमचंद, चंद्रधर शर्मा 'गुलेरी', पांडेय बेचन शर्मा 'उग्र', भगवतीचरण वर्मा, हजारी प्रसाद द्विवेदी, गोपालप्रसाद व्यास, प्रभाकर माचवे का भी योगदान रहा।

हिंदी-व्यंग्य ने स्वतंत्रता के बाद अपना सही स्वरूप ग्रहण किया। व्यंग्य का जो स्वरूप 'सैटायर' के रूप में पश्चिमी साहित्यशास्त्र ने विकसित किया उसका भारतीय रूप स्वतंत्रता के पश्चात् मिलता है। स्वतंत्रता के पश्चात् की सामाजिक और राजनीतिक मोह-भंग की स्थिति ने ऐसी विषम समस्याओं को जन्म दिया कि उन विसंगतियों पर प्रहार किए बिना सजग रचनाकार का दायित्व अधूरा ही रहता। व्यंग्य के इस स्वतंत्र व्यक्तित्व-निर्माण का श्रेय हरिशंकर परसाई को जाता है। श्रीलाल शुक्ल, शरद जोशी, रवींद्रनाथ त्यागी, मनोहर श्याम जोशी आदि व्यंग्यकार

भी उल्लेख्य हैं। हरिशंकर परसाई के व्यंग्य सामान्यतः मूल्यगत विसंगतियों से संबद्ध होते हैं।

व्यंग्यकारों की अगली पीढ़ी में नरेंद्र कोहली, अशोक शुक्ल, गोपाल चतुर्वेदी, हरि जोशी, अजातशत्रु आदि आते हैं।

व्यंग्य के विकास में ऐसे बहुमुखी प्रतिभासंपन्न रचनाकारों ने भी सहयोग दिया है जो मुख्यतः साहित्य की अन्य विधाओं में लिखते रहे हैं। इन रचनाकारों में प्रमुख हैं—रमाशंकर श्रीवास्तव, शेरजंग गर्ग, शशिभूषण पांडेय, गिरिराज शरण अग्रवाल, रमेश उपाध्याय, राजकुमार गौतम आदि।

श्रीलाल शुक्ल, शरद जोशी, मनोहर श्याम जोशी आदि भी आधुनिक युग के प्रमुख व्यंग्यकार थे।

रिपोर्ताज़

रिपोर्ताज़ एक अत्याधुनिक गद्य-विधा है। रिपोर्ट से अभिप्राय है किसी विषय का यथातथ्य विवरण। रिपोर्ताज़ का सूत्रपात टिप्पणीयुक्त विवरणों से हुआ है। रिपोर्ट के साहित्यिक और कलात्मक रूप को ही रिपोर्ताज़ कहते हैं। इसके प्रमुख गुण हैं—तथ्यात्मकता, घटना-प्रधानता, कथात्मकता, वास्तविकता, सहृदयता।

हिंदी के कुछ गण्यमान्य समाचार-पत्रों में संसदीय कार्यकलापों, विशिष्ट सम्मेलनों, युद्धों, बाढ़ या दुर्भिक्ष जैसी विपत्तियों आदि का जो हृदयस्पर्शी विवरण देखने में आता है, वह रिपोर्ताज़ साहित्य का ही एक रूप है। संघर्ष के क्षणों को तत्काल, शब्दों में प्रस्तुत करना ही 'रिपोर्ताज़' है। सहसा घटित होने वाली महत्त्वपूर्ण घटना ही इस विधा को जन्म देने का मुख्य कारण बन जाती है। हिंदी रिपोर्ताज़ आरम्भ करने का श्रेय 'हंस' पत्रिका को है। इसमें 'समाचार और विचार' शीर्षक से एक स्तम्भ प्रारम्भ किया गया। इस स्तम्भ में प्रस्तुत सामग्री रिपोर्ताज़ ही होती थी।

शिवदानसिंह चौहान की 'रूपाभ' में दिसम्बर, 1938 ई. में प्रकाशित 'लक्ष्मीपुरा' शीर्षक रचना रिपोर्ताज़ है। रांगेय राघव ने 1943-44 ई. में बंगाल में पड़े भयंकर अकाल का आँखों देखा हाल 'रिपोर्ताज़' के रूप में प्रस्तुत किया। इससे संबंधित उनके सभी लेख 'विशाल भारत' तथा 'हंस' पत्रिका में प्रकाशित हुए। बाद में 'तूफानों के बीच' शीर्षक से पुस्तक रूप में प्रकाशित हुए। भदंत आनंद कौसल्यायन की कृति 'देश की मिट्टी बुलाती है' में कुछ सजीव रिपोर्ताज़ हैं। 'जापानी युद्धबंदियों के अंतिम क्षण' एक ऐतिहासिक महत्त्व का रिपोर्ताज़ है। हास्य प्रधान रिपोर्ताज़ों के लेखन में श्रीनारायण चतुर्वेदी सिद्धहस्त थे। इस विधा के अन्य महत्त्वपूर्ण लेखक हैं—डॉ. धर्मवीर भारती, मणि मधुकर, विवेकीराय फणीश्वरनाथ रेणु, शिवदान सिंह चौहान, अमृतराय, प्रभाकर माचवे आदि। आधुनिक युग में रिपोर्ताज़ विधा का पर्याप्त प्रचार तथा प्रसार हो रहा है।

भेंटवार्ता (इंटरव्यू)/साक्षात्कार

हिंदी-गद्य की नवीनतम विधाओं में भेंटवार्ता (इंटरव्यू) का महत्त्वपूर्ण स्थान है। इसके माध्यम से साहित्यकार, कलाकार, राजनीतिज्ञ अथवा समाज-सुधारक का अंतर्मन पाठकों के सम्मुख आ जाता है। इस विधा में जिससे भेंट की जा रही है वह तो महत्त्वपूर्ण है ही, लेकिन भेंटवार्ताकार का भी महत्त्व कम नहीं होता है, क्योंकि वह लेखक और पाठक के बीच सेतु का कार्य करता है। हिंदी में इंटरव्यू विधा का आरंभ संभवतः पंडित बनारसीदास चतुर्वेदी ने किया। सुप्रसिद्ध कवि रत्नाकर से भेंट कर उन्होंने इसे 'रत्नाकर से बातचीत' शीर्षक से 'विशाल भारत' (जनवरी, 1932 ई.) में प्रकाशित किया। इस विधा को गति देने में डॉ. सत्येंद्र का विशेष योगदान है। उनके द्वारा संपादित पत्रिका 'साधना' में जगदीश प्रसाद चतुर्वेदी द्वारा भदंत आनंद कौसल्यायन से तथा चिरंजीलाल द्वारा महादेवी वर्मा से ली गई भेंटवार्ताएँ प्रकाशित हुईं। स्वतंत्रता के बाद इस

विधा का पर्याप्त विकास हुआ। इस विधा में पद्मसिंह शर्मा 'कमलेश' का विशेष स्थान है। उनके द्वारा लिए गए इंटरव्यू 'मैं इनसे मिला' (दो भाग) में प्रकाशित हुए। दोनों संग्रहों में कुल बाईस भेंट वार्ताएँ हैं। देवेंद्र सत्यार्थी की 'कला के हस्ताक्षर' में अमृता प्रीतम, भाई वीर सिंह, और मुल्कराज आनंद के इंटरव्यू संकलित हैं। डॉ. रणवीर रांग्रा ने भी हिंदी तथा हिंदीतर भाषाओं के साहित्यकारों से इंटरव्यू लिए हैं। ये पहले 'सृजन की भूमि' नामक कृति में प्रकाशित हुए। बाद में संख्या बढ़ जाने पर ये इंटरव्यू 'साहित्यिक साक्षात्कार' शीर्षक से प्रकाशित हुए। इसके बाद 'भारतीय साहित्यकारों से साक्षात्कार', 'हिंदी साहित्यकारों से साक्षात्कार' तथा 'भारतीय लेखिकाओं से साक्षात्कार' नामक इनकी तीन और पुस्तकें प्रकाशित हुईं। साहित्यकारों से पूछे गए डॉ. रांग्रा के प्रश्न मर्मभेदी होते हैं और लेखक तथा पाठक के बीच सेतु का काम करते हुए दोनों को चिंतन के लिए बाधित करते हैं। शार्टकट संस्कृति में केशवचंद्र वर्मा ने इलाचंद्र जोशी, अमृतलाल नागर, श्रीलाल शुक्ल, नरेश मेहता, आदि से लिए काव्य संकलित किए हैं। 'साक्षात्कार : डॉ. रामविलास शर्मा से बातचीत' में विश्वनाथ तिवारी, रमेश उपाध्याय, अजय तिवारी आदि लेखकों के साथ भेंटवार्ता में रामविलास शर्मा जी के जीवन सरोकार स्पष्ट हैं। 'शेष विशेष' में दिनकर के और 'लेखक की जमीन' में गोविंद मिश्र, अमृता प्रीतम, अमृतलाल नागर के साक्षात्कार हैं। पत्रकारिता के इस युग में यह विधा अत्यंत तीव्रगति से बढ़ रही है।

डायरी

डायरी शब्द लैटिन के 'डाइस' शब्द से बना है जो दैनंदिनी का बोधक है। डायरी के लिए दैनंदिनी और दैनिकी शब्द का प्रयोग भी होता है। एक साहित्यिक विधा के रूप में डायरी अभी तक हाशिए में रही, किंतु अब धीरे-धीरे यह गद्य विधा मान ली गई है। किसी भी व्यक्ति द्वारा

लिखी गई रोजमर्रा की खानपान, सामान्य दिनचर्या से संबंधित बातें एक रचनात्मक विधा के स्वरूप में स्वीकृत नहीं हो सकतीं। इसमें लेखक की अनुभूतियाँ, उसके आसपास घटने वाली घटनाओं आदि पर उसकी तात्कालिक प्रतिक्रियाएँ, जीवन-दर्शन, दृष्टिकोण आदि का तिथि क्रम से अंकन किया जाता है। इसमें आत्मनिरीक्षण, आत्मबोधन की प्रधानता रहती है।

डायरी हिंदी गद्य-साहित्य की नई विधा है। इसका आगमन पश्चिम से हुआ है। डायरी किसी भी व्यक्ति की निजी संपत्ति होती है, परंतु प्रकाशित होने पर वह सार्वजनिक हो जाती है। डायरी-लेखन को एक दृढ़ आधार प्रदान करने का श्रेय महात्मा गाँधी को है। वे एक महान डायरीकार थे और उनसे प्रेरणा लेकर अनेक नेताओं महादेव देसाई, डॉ. राजेंद्र प्रसाद, विनोबा भावे, जमुनालाल बजाज, घनश्यामदास बिड़ला, नरदेव शास्त्री आदि ने व्यक्तिगत डायरियाँ लिखीं। इन सभी डायरियों का मुख्य उद्देश्य आत्मलोचन ही रहा है।

डायरी सर्वाधिक व्यक्तिगत विधा है और व्यक्तित्व के उद्‌घाटन का सर्वाधिक प्रामाणिक माध्यम भी। हिंदी-साहित्य में इसका विकास पाँचवें दशक से होता है। पंडित सुंदरलाल त्रिपाठी की 'दैनंदिनी' तथा डॉ. धीरेंद्र वर्मा की 'मेरी कॉलिज डायरी' में प्रकाशित हुई। राजनेताओं की डायरियों में 'महादेव भाई की डायरी' का ऐतिहासिक महत्त्व है, क्योंकि इसमें सन् 1897 ई. से सन् 1942 ई. तक भारत के अहिंसक राष्ट्रीय आंदोलन का एक दिलचस्प इतिहास है। साहित्यिक दृष्टि से सर्वाधिक उल्लेखनीय कृति है—कवि-आलोचक 'गजानन माधव मुक्तिबोध की डायरी'। इसे उन्होंने 'वसुधा' पत्रिका के लिए धारावाहिक रूप में लिखा था। बाद में यह 'एक साहित्यिक की डायरी' शीर्षक से पुस्तक रूप में प्रकाशित हुई। सुप्रसिद्ध उपन्यासकार श्री इलाचंद्र जोशी की 'मेरी डायरी के नीरस पृष्ठ' उल्लेखनीय हैं। डायरी विधा दिनोंदिन लोकप्रिय होती जा रही है।

जयशंकर प्रसाद

हिंदी के शीर्षस्थ छायावादी कवि और नाटककार के रूप में प्रसाद जी का परिचय दिया जाता है। प्रसाद जी का जन्म सन् 1889 ई. में काशी के सुँघनी साहु के घराने में हुआ था। वैभव के बीच बचपन बिताने वाले प्रसाद जी को जीवन की कठोर परिस्थितियों से भी गुज़रना पड़ा। संभवतः यही कारण है कि इनका साहित्य समाज का वर्णन है। उन्होंने उपन्यास, कहानियाँ, कविता, नाटक और वैचारिक निबंध लिखे। 'कानन कुसुम' और 'महाराणा का महत्त्व' उनकी आरंभिक कृतियाँ हैं। 'आँसू', 'लहर', 'झरना' उनके मुक्तक काव्य हैं और खड़ी बोली का सर्वश्रेष्ठ महाकाव्य 'कामायनी' उनकी कृति है। 'कंकाल', 'तितली' और 'इरावती' (अधूरा) उनके उपन्यास हैं। 'आकाशदीप', 'आँधी', 'इंद्रजाल', 'प्रतिध्वनि' और 'छाया' जैसे कहानी संग्रह, 'चंद्रगुप्त', 'स्कंदगुप्त', 'कामना', 'एक घूँट', 'जनमेजय का नागयज्ञ', 'प्रायश्चित्त', 'सज्जन' और 'ध्रुवस्वामिनी' जैसे नाटक तथा 'काव्य और कला' जैसे निबंध संग्रह प्रमुख हैं। इस प्रकार उनकी कृतियाँ साहित्य की विशाल संपदा के रूप में जानी जाती हैं।

काव्य के क्षेत्र में प्रसाद छायावाद के प्रवर्तकों में से हैं। कवि होने के नाते उनका गद्य रोमानी है। उनके नाटक इतिहास और कल्पना का संगम प्रस्तुत कर साहित्यिकता का श्रेष्ठ मापदंड प्रस्तुत करते हैं, रंगमंच के अनुकूल वे हों या न हों पर नाट्यकला के तत्त्वों से पूर्ण निश्चित रूप से हैं।

कहानीकार के रूप में प्रसाद जी की सफलता असंदिग्ध है। उनकी कुछ कहानियाँ यथार्थ पर आधारित हैं, कुछ कहानियाँ अपनी भावात्मकता के लिए विख्यात हैं, कुछ कहानियों का संबंध रहस्य से है। उनकी कहानी, कहानी-कला का आदर्श है। चूँकि वे मूलतः कवि थे इसलिए उनकी कहानियों में भावुकता भी दिखाई देती है। पर भावुकता के कारण उनकी कहानियाँ स्वाभाविकता से दूर नहीं मानी जा सकतीं। उनकी कहानियों में करुणा, प्रणय और मार्मिक स्मृति के चित्र भिन्न-भिन्न रूप में चित्रित हैं।

प्रसाद एक मूल्यवादी लेखक थे। वे मानव जीवन के कुत्सित यथार्थ की पहचान करते हुए भी भावात्मक स्तर पर मानवीय एकता को मुखर करते रहे। किंतु उनका आदर्शवाद सीधा-सपाट नहीं होता था। वे किसी भी संवेदना की प्रस्तुति के लिए महत्त्वपूर्ण जटिल पात्रों का चयन करते हैं। प्रसाद जी का निधन सन् 1937 ई. में हुआ।

ममता कहानी का क़ेंद्र बिंदु भी ममता के हृदय में चलने वाले घृणा और कर्तव्य का द्वंद्व है, पिता का वध करने वाले आश्रय के इच्छुक आततायी को आश्रय देकर वह अतिथि धर्म का पालन करे या फिर अतिथि के मुख पर क़पाट बंद कर मुख मोड़ ले? यहाँ भी प्रसाद की अन्य कहानियों की तरह आदर्श विजयी होता है। विषम परिस्थितियों में भी कर्तव्य भावना कहीं खंडित नहीं होती, परंतु पलभर के लिए बाधित अवश्य होती है। कहानी का अत्यंत कारुणिक स्थल वह है, जहाँ ममता के प्राण त्यागने के बाद बनाए गए मंदिर के शिलालेख पर ममता का कोई नामोनिशान नहीं होता। कथानक सूक्ष्म और सांकेतिक है।

प्रसाद मूलतः रोमांटिक कवि हैं और नाटककार भी अतः उनकी कहानियों का शिल्प भी काव्यात्मक और नाटकीय है। उनकी कहानियों में दृश्यात्मकता प्रमुख है। ऐतिहासिकता, नाटकीयता तथा संयोग तत्त्व आदि प्रसाद की कहानी कला की विशेषताएँ हैं। जो प्रस्तुत कहानी का प्रमुख स्वर भी है। भाषा पात्रानुकूल तथा युग परिवेश के अनुरूप है। प्रसाद की रचनात्मकता पाठकों को रोमांचित करती है व भाषा की नयी भूमि का परिचय देती है।

ममता

(1)

रोहताश्व दुर्ग के एक प्रकोष्ठ में बैठी हुई युवती ममता शौण के तीक्ष्ण गंभीर प्रवाह को देख रही है। ममता विधवा थी। उसका यौवन शौण के समान ही उमड़ रहा था। मन में वेदना, मस्तक में आँधी, आँखों में पानी की बरसात को लिए, वह सुख के कंटक-शयन में विकल थी। वह रोहताश्व-दुर्गपति के मंत्री चूड़ामणि की अकेली दुहिता थी, फिर उसके लिए कुछ अभाव होना असंभव था, परंतु वह विधवा थी—हिंदू विधवा संसार में सबसे तुच्छ और निराश्रय प्राणी है, तब उसकी विडंबना का कहाँ अंत था।

चूड़ामणि ने चुपचाप उसके प्रकोष्ठ में प्रवेश किया। शौण के प्रवाह में, उसके कलनाद में, अपना जीवन मिलाने में वह बेसुध थी। पिता का आना न जान सकी। चूड़ामणि व्यथित हो उठे। स्नेह-पालिता पुत्री के लिए क्या करें, यह स्थिर न कर सकते थे। लौटकर बाहर चले गए। ऐसा प्रायः होता, पर आज मंत्री के मन में बड़ी दुश्चिंता थी। पैर सीधे न पड़ते थे।

एक पहर रात बीत जाने पर फिर वे ममता के पास आए। उस समय उनके पीछे दस सेवक चाँदी के बड़े थालों में कुछ लिए हुए खड़े थे। कितने ही मनुष्यों के पद-शब्द सुन ममता ने घूमकर देखा। मंत्री ने सब थालों को रखने का संकेत किया। अनुचर थाल रखकर चले गए।

ममता ने पूछा—"यह क्या है पिताजी?"

"तेरे लिए बेटी, उपहार है।" कहकर चूड़ामणि ने उसका आवरण

उलट दिया। स्वर्ण का पीलापन उस सुनहरी संध्या में विकीर्ण होने लगा। ममता चौंक उठी।

"इतना स्वर्ण! यह कहाँ से आया?"

"चुप रहो ममता। यह तुम्हारे लिए है।"

"तो क्या आपने म्लेच्छ का उत्कोच स्वीकार कर लिया? पिताजी! यह अनर्थ है, अर्थ नहीं। लौटा दीजिए। पिताजी! हम लोग ब्राह्मण हैं, इतना सोना लेकर क्या करेंगे?"

"इस पतनोन्मुख प्राचीन सामंत-वंश का अंत समीप है, बेटी! किसी भी दिन शेरशाह रोहताश्व पर अधिकार कर सकता है। उस दिन मंत्रित्व न रहेगा, तब के लिए बेटी!"

"हे भगवन्! तब के लिए! विपद के लिए! इतना आयोजन! परमपिता की इच्छा के विरुद्ध इतना साहस! पिताजी! क्या भीख न मिलेगी? क्या कोई हिंदू भू-पृष्ठ पर बचा न रह जाएगा, जो ब्राह्मण को दो मुट्ठी अन्न दे सके? यह असंभव है। फेर दीजिए पिताजी, मैं काँप रही हूँ—इसकी चमक आँखों को अंधा बना रही है।"

"मूर्ख है"—कहकर चूड़ामणि चले गए।

दूसरे दिन जब डोलियों का ताँता भीतर आ रहा था, ब्राह्मण-मंत्री चूड़ामणि का हृदय धक-धक करने लगा। वह अपने को रोक न सका। उसने जाकर रोहताश्व-दुर्ग के तोरण पर डोलियों का आवरण खुलवाना चाहा। पठानों ने कहा—"यह महिलाओं का अपमान करना है।"

बात बढ़ गई। तलवारें खिंचीं। ब्राह्मण वही मारा गया और राजा-रानी, कोष—सब छली शरेशाह के हाथ पड़े; निकल गई ममता। डोली में भरे हुए पठान-सैनिक दुर्ग-भर में फैल गए, पर ममता न मिली।

(2)

काशी के उत्तर में धर्मचक्र विहार, मौर्य और गुप्त सम्राटों की कीर्ति

का खँडहर था। भग्न-चूड़ा, तृण-गुल्मों से ढके हुए प्राचीर ईंटों के ढेर में बिखरी हुई भारतीय शिल्प की विभूति, ग्रीष्म रजनी चंद्रिका में अपने आपको शीतल कर रही थी।

जहाँ पंचवर्गीय भिक्षु गौतम का उपदेश ग्रहण करने के लिए पहले मिले थे, उसी स्तूप के भग्नावशेष की मलिन छाया में एक झोंपड़ी के दीपालोक में एक स्त्री पाठ कर रही थी–

अनन्याश्चिंतयंतो मां ये जनाः पर्युपासते...

पाठ रुक गया। एक भीषण और हताश आकृति दीप के मंद प्रकाश में सामने खड़ी थी। स्त्री उठी, उसने कपाट बंद करना चाहा। परंतु उस व्यक्ति ने कहा–"माता! मुझे आश्रय चाहिए।"

"तुम कौन हो?" स्त्री ने पूछा।

"मैं मुगल हूँ। चौसा युद्ध में शेरशाह से विपन्न होकर रक्षा चाहता हूँ। इस रात अब आगे चलने में असमर्थ हूँ।"

"क्या शेरशाह से।" स्त्री ने अपने होठ काट लिए।

"हाँ माता!"

"परंतु, तुम भी वैसे ही क्रूर हो, वही भीषण रक्त की प्यास, वही निष्ठुर प्रतिबिंब, तुम्हारे मुख पर भी है। सैनिक! मेरी कुटी में स्थान नहीं, जाओ, कहीं दूसरा आश्रय खोज लो।"

"गला सूख रहा है, साथी छूट गए हैं, अश्व गिर पड़ा है–इतना थका हुआ हूँ–इतना।" ...कहते-कहते वह व्यक्ति, धम से बैठ गया और उसके सामने ब्रह्मांड घूमने लगा। स्त्री ने सोचा, यह विपत्ति कहाँ से आई। उसने जल दिया, मुगल के प्राणों की रक्षा हुई। वह सोचने लगी–सब विधर्मी दया के पात्र नहीं–मेरे पिता का वध करने वाले आततायी। घृणा से उसका मन विरक्त हो गया।

स्वस्थ होकर मुगल ने कहा, "माता! तो फिर मैं चला जाऊँ?"

स्त्री विचार कर रही थी। "मैं ब्राह्मणी हूँ, मुझे तो अपने धर्म–अतिथि-देव की उपासना–का पालन करना चाहिए। परंतु यहाँ...नहीं,

नहीं, सब विधर्मी दया के पात्र नहीं। परंतु यह तो दया नहीं...कर्तव्य करना है। तब?"

मुगल अपनी तलवार टेककर उठ खड़ा हुआ। ममता ने कहा—"क्या आश्चर्य है कि तुम भी छल करो ठहरो?"

"छल! नहीं, तब नहीं माता! जाता हूँ! तैमूर का वंशधर स्त्री से छल करेगा? जाता हूँ। भाग का खेल है।"

ममता ने मन में कहा—"यहाँ कौन दुर्ग है। यही झोंपड़ी न, जो चाहे ले ले, मुझे तो अपना कर्तव्य-पालन करना पड़ेगा।" वह बाहर चली गई और मुगल से बोली—"जाओ, भीतर, थके हुए भयभीत पथिक! तुम चाहे कोई हो, मैं तुम्हें आश्रय देती हूँ। मैं ब्राह्मण कुमारी हूँ, सब अपना धर्म छोड़ दें, तो मैं भी क्यों छोड़ दूँ?" मुगल ने चंद्रमा के मंद प्रकाश में वह महिमामय मुखमंडल देखा, उसने मन-ही-मन नमस्कार किया। ममता पास की टूटी हुई दीवारों में चली गई। भीतर थके पथिक ने झोंपड़ी में विश्राम किया।

प्रभात में खँडहर की संधि में ममता ने देखा, सैकड़ों अश्वारोही उस प्रांत में घूम रहे हैं। वह अपनी मूर्खता पर अपने को कोसने लगी।

अब उस झोंपड़ी से निकलकर पथिक ने कहा—"मिरजा! मैं यहाँ हूँ।"

शब्द सुनते ही प्रसन्नता की चीत्कार-ध्वनि से वह प्रांत गूँज उठा। ममता अधिक भयभीत हुई। पथिक ने कहा—"वह स्त्री कहाँ है? उसे खोज निकालो।" ममता छिपने के लिए अधिक सचेष्ट हुई। वह मृगदाव में चली गई। दिनभर उसमें से न निकली। संध्या में जब उन लोगों के जाने का उपक्रम हुआ, तो ममता ने सुना, पथिक घोड़े पर सवार होते हुए कह रहा है—"मिरजा! उस स्त्री को मैं कुछ दे न सका। उसका घर बनवा देना, क्योंकि मैंने विपत्ति में यहाँ विश्राम पाया था। यह स्थान भूलना मत।" इसके बाद वे चले गए।

चौसा के मुगल-पठान युद्ध को बहुत दिन बीत गए। ममता अब सत्तर वर्ष की वृद्धा है। वह अपनी झोंपड़ी में एक दिन पड़ी थी। शीतकाल का प्रभात था। उसका जीर्ण कंकाल खाँसी से गूँज रहा था। ममता की सेवा के लिए गाँव की दो-तीन स्त्रियाँ उसे घेरकर बैठी थीं, क्योंकि वह आजीवन सबके सुख-दुःख की सहभागिनी रही थी।

ममता ने जल पीना चाहा, एक स्त्री ने सीपी से जल पिलाया। सहसा एक अश्वारोही उसी झोंपड़ी के द्वार पर दिखाई पड़ा। वह अपनी धुन में कहने लगा—"मिरजा ने जो चित्र बनाकर दिया है, वह तो इसी जगह का होना चाहिए। वह बुढ़िया मर गई होगी, अब किससे पूछें कि एक दिन शाहंशाह हुमायूँ किस छप्पर के नीचे बैठे थे? यह घटना भी तो सैंतालीस वर्ष से ऊपर की हुई।"

ममता ने अपने विकल कानों से सुना। उसने पास की स्त्री से कहा—"उसे बुलाओ।"

अश्वारोही पास आया। ममता ने रुक-रुककर कहा—"मैं नहीं जानती कि वह शाहंशाह था या साधारण मुगल, पर एक दिन इसी झोंपड़ी के नीचे वह रहा। मैंने सुना था कि वह मेरा घर बनवाने की आज्ञा दे चुका था। मैं आजीवन अपनी झोंपड़ी खुदवाने के भय से भयभीत ही थी। भगवान् ने सुन लिया, मैं आज इसे छोड़े जाती हूँ। अब तुम इसका मकान बनाओ या महल—मैं अपने चिर विश्राम गृह में जाती हूँ।"

वह अश्वारोही अवाक् खड़ा था। बुढ़िया के प्राण-पखेरू अनंत में उड़ गए।

वहाँ एक अष्टकोण मंदिर बना और उस पर शिलालेख लगाया गया—

"सातों देश के नरेश हुमायूँ ने एक दिन यहाँ विश्राम किया था। उनके पुत्र अकबर ने उसकी स्मृति में यह गगनचुंबी मंदिर बनाया।"

पर उसमें ममता का कहीं नाम नहीं।

आचार्य नरेंद्र देव

भारत में जनतांत्रिक समाजवादी समाज की विचारधारा के प्रवर्तक के रूप में आचार्य नरेंद्र देव का नाम चिरस्मरणीय रहेगा। वे समता, सामाजिक न्याय और स्वतंत्रता के पक्षपाती थे और आजीवन इस दिशा में कार्यरत रहे। आचार्य नरेंद्र देव भारत के सुप्रसिद्ध शिक्षाशास्त्रियों में से एक थे। वे एक प्रभावशली वक्ता, प्रकांड पंडित तथा प्रबुद्ध लेखक थे। उन्होंने साम्यवाद और बौद्ध दर्शन का गहन अध्ययन किया था। इन दोनों क्रान्तिकारी विचारधाराओं के प्रति उनकी अडिग आस्था थी।

आचार्य नरेंद्र देव का जन्म 30 अक्तूबर सन् 1889 ई. को उत्तर प्रदेश के सीतापुर जिले में हुआ। उनके पिता श्री बलदेवप्रसाद फ़ैज़ाबाद में वकालत करते थे। उनके पिता के एक मित्र पं. माधवप्रसाद ने उनका नाम-परिवर्तन किया और उन्हें नरेंद्र देव नाम दिया। सन् 1906 ई. में उन्होंने एंट्रेंस की परीक्षा उत्तीर्ण की और सन् 1913 ई. में संस्कृत विषय में एम.ए. किया। 1915 ई. में उन्होंने एल. एल. बी. करके फ़ैज़ाबाद में वकालत शुरू की। उनके सक्रिय सार्वजनिक जीवन का आरंभ फ़ैज़ाबाद में ही हुआ। तत्कालीन राजनीति में वे गर्मदल के नेता माने जाते थे और कांग्रेस के समाजवादी मंच के वे मुखिया थे।

सन् 1926 ई. में नरेंद्र देव जी बनारस विद्यापीठ के अध्यक्ष बने और आचार्य नाम से प्रसिद्ध हुए। सन् 1934 ई. में उनकी अध्यक्षता

में पटना में समाजवादी पार्टी की स्थापना हुई। देश के स्वतंत्रता-आंदोलन में उन्होंने सक्रिय भाग लिया और कई बार जेल भी गए। देश की महान् विभूतियों यथा स्वामी रामतीर्थ, मदनमोहन मालवीय, लोकमान्य तिलक, महात्मा गाँधी तथा जवाहरलाल जी के वे निकट संपर्क में रहे। देश में शिक्षा-प्रसार, भूमि-सुधार, मज़दूर-कल्याण, जातिवाद तथा सांप्रदायिकता के उन्मूलन के लिए वे आजीवन प्रयत्नशील रहे। उन्होंने देश की प्राचीन एवं नव्यतम शिक्षा प्रणालियों का गंभीर अध्ययन किया और अपने देश में सर्वोच्च शिक्षण पद्धतियाँ अपनाने पर बल दिया। शिक्षा नीति में उन्होंने क्रांतिकारी परिवर्तन भी किए और शिक्षकों की दयनीय परिस्थितियों के परिवर्तन में योगदान दिया। आचार्य नरेंद्र देव भाषा विज्ञान, राजनीति शास्त्र, इतिहास और हिंदी के प्रकांड विद्वान थे। आचार्य जी बहुभाषाविद् थे। संस्कृत, हिंदी, अंग्रेज़ी और उर्दू के अतिरिक्त वे जर्मन, फ़्रेंच, पाली, प्राकृत तथा बांग्ला भाषाएँ जानते थे। जो रचनाएँ उन्होंने हिंदी साहित्य जगत् को दीं, वे उनके प्रबुद्ध लेखन का प्रमाण हैं। 'बौद्ध धर्म दर्शन' तथा 'राष्ट्रपिता और समाजवाद' उनके प्रामाणिक मौलिक ग्रंथ हैं।

19 फरवरी सन् 1956 ई. को आचार्य नरेंद्र देव के पार्थिव शरीर का अंत हो गया।

युवकों का समाज में स्थान में नरेंद्र देव जी ने युवकों के राष्ट्रीय एवं सामाजिक महत्त्व को तार्किक ढंग से प्रतिपादित किया है। समाज में क्रांतिकारी परिवर्तन एवं नए मूल्यों की स्थापना हेतु युवकों की सृजनात्मक शक्ति का उपयोग अति आवश्यक है। जिस समाज में पुरातनता की परंपरा रहती है, वहाँ युवकों का महत्त्व जल्दी स्वीकार नहीं किया जाता, इसलिए वहाँ युवकों को आंदोलन करने पड़ते हैं। आचार्य जी का मत है कि स्वतंत्र देश में युवा शक्ति का उपयोग रचनात्मक कार्यों में किया जाना चाहिए। उनमें त्याग, आत्मानुशासन तथा अधिकार के साथ कर्तव्यबोध जाग्रत करने की आवश्यकता है। लेखक के अनुसार किसी भी समस्या का समाधान युवकों के सहयोग

के बिना समुचित रूप से नहीं हो सकता; अतः उन्होंने अत्यंत तर्कपूर्ण ढंग से युवकों के समक्ष उच्च उद्देश्य रखकर उनके परिश्रम की दिशा उस ओर मोड़ने तथा उनके अधिकार को स्वीकार करने की वकालत की है। उसी में उन्हें देश की प्रगति दिखाई देती है, जो कि निःसंदेह उचित प्रतीत होता है।

प्रस्तुत निबंध में लेखक के व्यक्तित्व की अभिव्यक्ति स्पष्ट दिखाई देती है। इसमें लेखक की गरिमा, मौलिक चिंतन एवं नई सूझ-बूझ व्यक्त हुई है। नूतनता और पुरातनता, वैचारिकता एवं भावात्मकता का समन्वय तथा तार्किकता का समावेश विषयवस्तु को ग्राह्य बनाता है। शैली सुगठित और विचारों से ओत-प्रोत है। भाषा की प्रवाहमयता भावों और विचारों के अनुरूप है। भाषा परिष्कृत और परिमार्जित है।

युवकों का समाज में स्थान

सामान्यतः उन समाजों में जहाँ स्थिरता आ गई है और जहाँ विकास की गति अत्यंत मंद है, वृद्धों की सबसे अधिक प्रतिष्ठा होती है। ऐसे समाज में वृद्धों का ही नेतृत्व होता है और उनका अनुभव ही समाज का मुख्य आधार होता है। चीन और भारत के समाज इसके उदाहरण हैं। हमारे पूर्वजों का कहना है कि वह सभा ही नहीं है जहाँ वृद्ध नहीं हैं। ऐसे समाज की शिक्षा-प्रणाली में लोक-परंपरा का बड़ा महत्त्व होता है। वहाँ शिक्षा के नए प्रकारों की परख का प्रश्न ही नहीं उठता। जिनकी संस्कृति और जिनका इतिहास प्राचीन है, उनकी यही कथा है। जब तक समाज के आधारभूत मौलिक सिद्धांतों के परिवर्तन का प्रश्न नहीं उठता और जब तक समाज के आर्थिक ढाँचे में क्रांतिकारी परिवर्तन नहीं होता, तब तक यही अवस्था बनी रहती है।

किंतु जब समाज की ऐसी अवस्था हो जाती है कि उसको जीवित रहने के लिए अपनी पुरानी पद्धति को बदलने के लिए विवश होना पड़ता है तब उसके सामाजिक और आध्यात्मिक मूल्य भी बदलने लगते हैं। नूतन समाज के आरंभक प्रायः युवक ही होते हैं। कम-से-कम उनके सहयोग के बिना नूतन समाज की प्रतिष्ठा नहीं होती। इसका कारण यह है कि युवक में साहस, शौर्य, तेज और त्याग की भावना प्रबल

होती है। वह अभी संसार के कीचड़ में नहीं फँसा है, इसलिए वह वस्तुस्थिति की उपेक्षा कर आदर्श के लिए आत्म-बलिदान करने के लिए उद्यत हो जाता है। इसका एक कारण यह भी है कि उसकी अभी कोई ऐसी दृष्टि नहीं बनी है जो उसको समाज की नवीन आवश्यकताओं को समझने से रोके। इसके विपरीत इन आवश्यकताओं का उसे विशेष अनुभव होता है। अतीत से नाता तोड़ने में उसे वह कठिनाई नहीं होती जो वृद्धों को होती है।

जिस समाज में ऐसी अवस्था उत्पन्न होने लगती है, वहाँ नए समाज का उपक्रम करने के लिए युवकों का आंदोलन आरंभ हो जाता है और युवक अपनी संस्थाएँ बनाने लगते हैं। जब तक ऐसी अवस्था उत्पन्न नहीं हो जाती, तब तक किसी समाज में युवक-आंदोलन की सृष्टि नहीं होती। युवक-आंदोलन का होना, न होना इस पर भी आश्रित है कि उस जाति विशेष का क्या स्वभाव है और उस समाज की परंपरा क्या रही है? यदि लोग समय से सुधार करने के अभ्यस्त हैं और संकट की अवस्था को टालना जानते हैं तो युवक-आंदोलन कदाचित् न भी हो; किंतु जो जाति क्रांतिप्रिय है और जहाँ के समाज नेता काफी दूरदर्शी नहीं हैं तथा अपने कट्टरपन के कारण समझौते के लिए तैयार नहीं हो जाते, वहाँ युवक आंदोलन और संगठन का होना अनिवार्य हो जाता है।

साधारणतः समाज को नवयुवकों की प्रसुप्त शक्तियों का उपयोग करने की आवश्यकता नहीं पड़ती। वृद्ध होने पर वह पुरानी पीढ़ी का स्थान लेते हैं। किंतु जब किसी समाज के जीवन-मरण का प्रश्न उपस्थित हो जाता है, जैसा कि युद्ध के समय होता है, तब युवकों की प्रसुप्त शक्तियों का उपयोग किए बिना संकट टल नहीं सकता। जब कभी कोई आकस्मिक संकट आ जाता है, अथवा समाज को नवीन दृष्टि की आवश्यकता होती है, तब युवकों की शक्ति-भंडार का उपयोग करना ही पड़ता है।

आज पुराने युग का अंत हो रहा है और हम एक नवीन युग में प्रवेश कर रहे हैं, सारे संसार का यही हाल है। यह संक्रमण काल है। युद्ध के पश्चात् जीवन के मूल्य सर्वत्र बदल रहे हैं। पुरानी संस्थाएँ जीर्ण-शीर्ण हो रही हैं और उनके आधारभूत विचारों पर से लोगों की आस्था उठती जा रही है, समाज को एक नए दर्शन की आवश्यकता है, जो उसका पथ-दर्शक हो।

यों तो प्रत्येक समाज नवीन परिस्थिति के अनुकूल अपना आचरण और व्यवहार बदलने का प्रयत्न करता है, किंतु जब तक किसी महान् उद्देश्य की गंभीर अनुभूति नहीं होती तब तक समाज में सामंजस्य और स्थिरता नहीं आती और उसकी समग्रता नष्ट होने लगती है। इस नवीन दर्शन में नवयुवकों की ही आस्था होती है। उन्होंने ही इन नवीन मूल्यों की सृष्टि की है और उन्हीं को उनके अनुसार जीवन व्यतीत करना है।

यही कारण है कि हम सर्वत्र देखते हैं कि नवयुवक समाज का नेतृत्व करने आगे आ रहे हैं। नव-समाज में, जिसका इतिहास पुराना नहीं है, नवयुवकों का स्वागत होता है और वह शीघ्र ही अधिकारारूढ़ हो जाते हैं, किंतु पुरातन समाज में वृद्धों का वही पुराना स्थान अब भी चला आता है। उसमें युवक के अधिकार स्वीकार नहीं किए जाते। इसलिए नव-युग के लाने में देर होती है। युवकों को अपनी कल्पना के बल से नयी नीति बनाने का अवसर नहीं मिलता। अतः उनका असंतोष बढ़ता है। और वह अपनी शक्तियों का उपयोग रचनात्मक कार्य में न कर, टीका-टिप्पणी और आलोचना में ही उन्हें नष्ट कर देते हैं। इससे समाज का अहित ही होता है।

यह ठीक है कि पुरानी परंपरा की रक्षा के लिए वृद्धों का रहना भी आवश्यक है, किंतु उनको यह स्वीकार करना चाहिए कि अब समय आ गया है जब उन्हें युवकों को जिम्मेदारी के पदों पर बैठाना चाहिए। यदि युवकों का अधिकार स्वीकार कर लिया जाय तो इसके कई लाभ

हैं। पहली बात तो यह समझने की है कि जो आज अधिकारारूढ़ हैं उनका कर्तव्य है कि वे अपने उत्तराधिकारियों को आज से तैयार करें। अन्यथा इन वृद्धों के हट जाने पर उनकी जगह लेने वाले योग्य अनुभवी व्यक्ति न मिलेंगे। दूसरी बात यह है कि भारत के स्वतंत्र होने पर जो बड़ी जिम्मेदारी देश पर आ गयी है, उसका भार सहन करने की शक्ति कुछ वृद्धों को छोड़कर अन्य वृद्धों में नहीं है। पुनः नूतन समाज की रचना करने और प्रचलित सामाजिक पद्धति को तोड़ने की युवक में सामर्थ्य है। जो समाज नया उपक्रम करना चाहता है और जिसको क्रांतिकारी परिवर्तन की आवश्यकता है, उसको युवक का सहयोग अवश्य चाहिए और यह सहयोग युवक के अधिकार को स्वीकार करके ही प्राप्त हो सकता है।

स्वतंत्र राष्ट्र के विद्यार्थियों को हड़ताल करते हम नहीं सुनते। उनको इसकी आवश्यकता नहीं होती। परतंत्र राष्ट्र के विद्यार्थी राजनीतिक आंदोलनों में खूब भाग लेते हैं। उनको समय-समय पर प्रदर्शन और हड़ताल करनी पड़ती है, राजा के अधिकारियों के साथ संघर्ष होने से उनको गोली भी खानी पड़ती है। ऐसे वातावरण में रहने से उनकी एक विशेष प्रकार की मनोवृत्ति बन जाती है।

किंतु जब राष्ट्र स्वतंत्र हो जाता है, तब यही मनोवृत्ति हानिकारक सिद्ध होती है। राष्ट्र के संचालकों का कर्तव्य है कि बदली हुई परिस्थिति में वे ऐसे विधानों और उपायों का अवलंब लें जिनसे युवकों की मनोवृत्ति बदले और वे अपनी शक्तियों का विनियोग रचनात्मक कार्यों में करें। पहले तो पुराने अभ्यास को छोड़ना कठिन होता है और दूसरे जब समाज ने नेता पुरानी वृत्ति को बदलने का प्रयास नहीं करते, तब कठिनाई और बढ़ जाती है। पुरानी मनोवृत्ति को बदलने का उपाय युवक के अधिकार को स्वीकार करना है। यदि आज की पीढ़ी आने वाली पीढ़ी की शिक्षा-दीक्षा का भार अपने ऊपर न लेगी और उसे विकास का अवसर न देगी, तो वह इतिहास के सम्मुख दोषी ठहरायी जाएगी।

राष्ट्र-निर्माण का कार्य अभी आरंभ भी नहीं हुआ है। प्रत्येक दिशा में हमको प्रगति करनी है। शताब्दियों का रास्ता थोड़े वर्षों में तय करना है। लोकतंत्र की स्थापना के लिए सार्वजनिक शिक्षा की आवश्यकता है। इसके लिए अस्पृश्यता का निवारण और जाति-पाँति के कठोर बंधनों का तोड़ना भी जरूरी है। लोकतंत्र अभ्यास का विषय है, केवल लोकतंत्र का पाठ पढ़नें से और उसका नारा लगाने से उसकी स्थापना नहीं होती।

इसलिए सहयोग का प्रचार कर सामाजिक संबंधों को बदलना तथा नयी आर्थिक पद्धति को प्रतिष्ठित करना नितांत आवश्यक है। सुंदर-भविष्य के निर्माण के लिए आज सर्वसाधारण से त्याग की अपील करनी है, किंतु जब तक कोई ऐसा उद्देश्य समाज के सम्मुख नहीं रखा जाता जिसके लिए लोग श्रम करें, तब तक त्याग की आशा करना व्यर्थ है। इन सब कामों के लिए युवक की आदर्शप्रियता, उसकी निर्भीकता, उसका साहस और उसकी लगन चाहिए। यह तभी हो सकता है जब हम युवक के अधिकार को स्वीकार करें।

यदि हम इस विषय में अपने कर्तव्य का पालन न करेंगे तो भय है कि हमारा युवक गैर-जिम्मेदार न हो जाय। विद्यार्थी समाज की उच्छृंखलता, विदेशी शासन से लड़ने का एक अनिवार्य फल है। एक अर्थ में कांग्रेस कार्यकर्त्ता भी उच्छृंखल थे। किंतु स्वतंत्रता की जो कीमत हमको अदा करनी थी, उसमें यह भी शामिल था। लेकिन अब समय आ गया है जब विद्यार्थियों को आत्मशासन के महत्त्व को समझना चाहिए। आज की उच्छृंखलता के बदले में कोई सारवस्तु नहीं मिलती। इतना ही नहीं, उससे समाज का अनिष्ट ही होगा। यह उच्छृंखलता युवक के अधिकार को स्वीकार करने से ही दूर होगी।

इस संबंध में एक बात और विचारने के योग्य है। युवक शक्ति का भंडार होता है। जिस परिस्थिति में रहता है, उससे वह अत्यंत प्रभावित होता है। वह भाव-प्रवण होता है तथा शूरता दिखाने की किसी अवस्था को वह छोड़ना नहीं चाहता। यदि उसका समाज स्वतंत्र होने की चेष्टा

कर रहा है, तो वह उसी में लग जाता है, और यदि उसका समाज सांप्रदायिक युद्ध में लगा है, तो वह उसका अगुआ बनना चाहता है। यदि इस दृष्टि से देखा जाय, तो युवक न प्रगतिशील है और न प्रतिक्रियावादी। वह किसी भी नए काम में लगाया जा सकता है। शर्त यह है कि उसकी भावना पूरी होनी चाहिए और उसे काम का मौका मिलना चाहिए।

इसलिए यदि हम युवक की शक्ति का सदुपयोग नहीं करेंगे तो दूसरे उसका दुरुपयोग करेंगे। 'फासिस्ट' राष्ट्रों ने युवक की शक्ति के महत्त्व को समझा और अपने उद्देश्य की पूर्ति के लिए उसका दुरुपयोग किया।

क्या हम राष्ट्र-निर्माण के कार्य के लिए युवकों के अधिकार को स्वीकार नहीं करेंगे? मैं यह जानता हूँ कि प्रत्येक अधिकार के साथ कर्तव्य होता है। किंतु आज की परिस्थिति में अधिकार को स्वीकार करके ही कर्तव्य की बात कही जा सकती है। स्थूल सत्य यह है कि आज की किसी भी समस्या का समाधान युवकों के सहयोग के बिना समुचित रूप से नहीं हो सकता।

रामधारी सिंह 'दिनकर'

रामधारी सिंह 'दिनकर' का जन्म 30 सितंबर सन् 1908 ई. में बिहार के सिमरियाँ जिला मुंगेर में हुआ था। प्रारंभिक शिक्षा ग्रामीण वातावरण में हुई। बी.ए. तक पटना विश्वविद्यालय में पढ़े। तत्पश्चात् कुछ दिनों सरकारी नौकरी करने के पश्चात् मुजफ़्फ़रपुर कॉलेज में हिंदी के प्राध्यापक बने। दिनकर जी बचपन से ही भारतीय संस्कृति व परंपराओं के अध्येता थे। भारत सरकार के हिंदी सलाहकार पद पर रहते हुए उन्होंने लगभग 50 कृतियों की रचना की। वे भागलपुर विश्वविद्यालय के कुलपति व राज्यसभा के मनोनीत सदस्य के गौरवपूर्ण पद पर रहे। दिनकर जी का व्यक्तित्व आकर्षक था—लंबा कद, ओजपूर्ण ललाट व रोषपूर्ण नयन उनके व्यक्तित्व के उत्तम पहलू थे। व्यक्तित्व की ऊँचाई के साथ-साथ उनका साहित्य भी सुबोध, प्रेरणादायक व ओजपूर्ण था। वे गद्य-पद्य दोनों विधाओं के महत्त्वपूर्ण लेखक हैं। दिनकर ने मुक्तक एवं प्रबंध दोनों तरह के काव्य की रचना की। और गद्य कृतियों में मुख्यतः 'संस्कृति के चार अध्याय' तथा 'मील के पत्थर' जैसी रचनाएँ लिखीं। दिनकर जी को इसी ग्रंथ पर 'साहित्य अकादमी' जैसा देश का सर्वोच्च पुरस्कार प्राप्त हुआ।

भारत के स्वतंत्रता आंदोलन में राष्ट्र-प्रेम की चेतना का स्वर दिनकर जी की काव्यधारा में मुखरित हुआ। इनकी प्रमुख रचनाएँ—काव्य,

'रेणुका', 'हुंकार', 'रसवंती', 'कुरुक्षेत्र', 'उर्वशी' व 'रश्मिरथी' तथा गद्य-रचनाओं में 'संस्कृति के चार अध्याय', 'अर्द्ध नारीश्वर' आदि हैं।

गाँधीवादी वैचारिकता से प्रभावित होकर भी दिनकर जी ने अत्याचार और अन्याय के दमन के लिए युद्ध को आवश्यक माना है। दिनकर जी की विचारधारा के अनुसार व्यक्ति अपने पुरुषार्थ के बल पर अपने भाग्य का निर्माण स्वयं कर सकता है।

नेता नहीं, नागरिक चाहिए में लेखक ने सद्यः स्वतंत्रता प्राप्त भारत की प्रमुख समस्या पर विचार किया है। आज़ादी के बाद प्रायः सभी नेताओं और विद्वानों का एक ही प्रश्न रहा कि समाज बहुत कुरूप और भोंडा हो गया है, इसमें सुधार की जरूरत है। किंतु सुधार किस प्रकार हो, उसे सुंदर और आकर्षक कैसे बनाया जाए, इस पर विचार करने की किसी की इच्छा नहीं, क्योंकि सभी नेता बनने के इच्छुक तो हैं पर नागरिक बनने के नहीं। स्वतंत्रता से पूर्व जिन आत्मचेता व्यक्तियों ने विदेशी साम्राज्य का डटकर सामना किया, अनगिनत यातनाएँ सहीं, आजादी के बाद उन सबके हृदय में नेतृत्व की अदम्य आकांक्षा उत्पन्न हो गई। वे स्वतंत्र देश में पराधीन भारत की स्थिति से बेहतर स्थिति तो चाहते हैं, आर्थिक-सामाजिक विकास के लिए भी चिंतित हैं, किंतु सामान्य नागरिक की तरह देश के प्रति अपनी जिम्मेदारी निभाना नहीं चाहते। लेखक यह स्पष्ट करना चाहते हैं कि वास्तव में जो भी व्यक्ति समाज में सुधार का आकांक्षी है, उसे चाहिए कि मनुष्य में निहित गुणों का प्रशंसक बने, उन गुणों और मानवीय मूल्यों का प्रचार-प्रसार करे। तभी विश्व सुंदरता में वृद्धि हो सकती है। किंतु विरोधाभास तो यह है कि प्रत्येक देशवासी नेता ही बनना चाहता है। लेखक के लिए चिंता का विषय यह है कि यदि हर आदमी नेता बन गया, हर आदमी भाषण देने की योजनाएँ बनाने में ही रुचि लेता रहा तो हाथ में कुदाल कौन उठाएगा? हथौड़े उठाकर निर्माण कौन करेगा? नागरिकों के लिए फसल कौन उगाएगा? दफ्तरों, संस्थानों और औद्योगिक प्रतिष्ठानों में काम

कौन करेगा? यह पहचानना आवश्यक है कि बड़ी कीमत चुकाकर पाई आजादी नागरिक के लिए अनमोल है। अतः अब देश समृद्ध बनाने के लिए कर्मठता की आवश्यकता है, न कि केवल भाषणों की। नेता बनने के आकांक्षी प्रत्येक युवक को लेखक यही संदेश देना चाहता है कि कर्म का कोई विकल्प नहीं होता।

दिनकर जी ने विषय और वर्णन के अनुरूप सामंजस्यमूलक शब्दावली का प्रयोग किया है।

नेता नहीं, नागरिक चाहिए

सन् उन्नीस सौ बीस-इक्कीस के जमाने में एक विज्ञापन पढ़ा था, 'क्या आप स्वराज्य चाहते हैं? तो लेक्चर देना सीखिए।' इश्तहार छपवाने वाला कोई पुस्तक विक्रेता था, जो इस विज्ञापन के जरिए अपनी किसी किताब की बिक्री बढ़ाना चाहता था और संभवतः किताबों में नेताओं के भाषणों का ही संकलन भी था।

तब से इस देश में व्याख्यानों की ऐसी झड़ी रही है, जैसी झड़ी अब मेघों की भी नहीं लगती। पिछले तीस वर्षों से अपने देश में व्याख्यान लगातार बरसते रहे हैं और उनकी वृद्धि करने वाले नेताओं की तादाद भी बेशुमार रही है। आजादी की लड़ाई के दिनों में देश के सामने ले-देकर एक सवाल था कि विदेशी शासन कैसे हटाया जाए। मगर यह सवाल जरा टेढ़ा पड़ता था, क्योंकि हुकूमत से लड़ने का अर्थ अपनी जान और माल पर संकट को आमंत्रित करना था। इसलिए, जो लोग भी अपनी थोड़ी या बहुत कुरबानी देने के लिए आगे आए, उन्हें जनता ने नेता कहकर पुकार दिया। जनता के पास और था ही क्या जिसे लेकर वह कुरबानी की इंज्जत करती?

लेकिन, आजादी के बाद जब देश के सारे काम नेताओं के हाथ में आ गए, तब उन्हें पता चला कि अभी तक इस देश ने नेता ही

पैदा किए हैं, नागरिक नहीं। व्याख्यान सुनते इस देश ने व्याख्यान देने की आदत डाल ली है। जहाँ तक व्याख्यान के मजमून पर अमल करने का सवाल है, वह परिपाटी स्वतंत्रता के आगमन के साथ ही समाप्त हो गई। अब वहाँ के लोग कर्म को कम, वाणी को अधिक महत्त्व देते हैं। हर किसी की यही अभिलाषा है कि वह दूसरों को कुछ उपदेश दे, मगर, खुद किसी भी उपदेश पर अमल करने को तैयार नहीं है। यों, देश के नवनिर्माण के ज्यादा काम ठप्प पड़े हुए हैं, क्योंकि जो, सचमुच देश के नेता हैं, वे काम करना नहीं जानते और जो काम करना जानते हैं उन्हें हाथ-पाँव हिलाने की अपेक्षा जीभ की कैंची चलाने में ही अधिक आनंद आता है। नेता बनने की धुन का यह पहला अवसर है, जिसे हिंदुस्तान आज बुरी तरह भोग रहा है।

फिर भी यह सच है कि देश के नेता, देश के शिक्षा-विशेषज्ञ और बच्चों के माता-पिता, सभी चाहते हैं कि स्कूलों और कॉलेजों में पढ़ने वाले हमारे सभी बच्चे और नौजवान किसी-न-किसी क्षेत्र में नेता बनने की तैयारी करें। लेकिन, क्या किसी ने यह भी कभी सोचा है कि अगर सारा समाज नेता बनने की तैयारी में लग जाय तो नेताओं के पीछे चलने वाले लोग कौन रह जाएँगे? और क्या नेताओं से भरा हुआ देश कोई अच्छा देश होता है?

कल्पना कीजिए कि देश का एक-एक आदमी जवाहरलाल हो गया, तो फिर यहाँ का आदमी सोचेगा, योजना बनाएगा और बहस करेगा। लेकिन तब इन पैंतीस करोड़ जवाहरलालों को भोजन कौन देगा? उनके लिए कपड़े कौन बुनेगा? और मुश्किल तो यह है कि उनकी मोटरें कौन चलाएगा? जवाहरलाल बनने में और सब ठीक है; कठिनाई सिर्फ इतनी ही है कि जवाहरलाल कुदाल नहीं चला सकता, हथौड़े नहीं उठा सकता और ज्यादातर वह अपनी मोटर भी आप नहीं हाँकता है।

'बड़ों की बात सुनो, उनकी नकल मत करो', यह कहावत किसी भारी अक्लमंद ने कही होगी लेकिन, अब तो बड़ा और छोटा, यह भेद

सुनते ही लोगों को गुस्सा आ जाता है। जिस जमाने का एक ही नारा हो कि सब लोग समान हैं, उस जमाने में एक या दस को बड़ा और बाकी को छोटा बताना तंगनजरी नहीं तो और क्या है? हर आदमी सिर्फ बराबरी के सिद्धांत पर आगे बढ़ने को अधीर है? नतीजा यह है कि जो जहाँ है, वह वहीं कुढ़ रहा है। वह वहीं जल रहा है। हर एक को शिकायत है कि उसकी वाजिब जगह उसको नहीं मिली है। उसे जिस पद पर होना चाहिए, उस पर कोई और बैठ गया है जो निश्चित रूप से, उससे छोटा और कमजोर है। अखबारों के सहायक संपादक अपने प्रधान संपादक से जल रहे हैं। मिल का छोटा मैनेजर बड़े मैनेजर के खिलाफ है। और राजनीतिक दलों के भीतर जो द्वेष का धुआँ छूट रहा है, उसका भी कारण यह है कि आगे के नेता को पीछे ढकेलकर कोई दूसरा आदमी उनकी जगह ले लेना चाहता है।

सब लोग आपस में बराबर हैं, इस बात का लोगों ने गलत अर्थ लिया है। इसका मामूली अर्थ यह है कि सबको विकास का समान अवसर मिलना चाहिए, यह नहीं कि अवसर की प्रतीक्षा किए बिना जो जहाँ चाहे, वहाँ इच्छामात्र से पहुँच जाए। अवसर कोई ऐसी चीज नहीं है जो रोटी-दाल की तरह सबके सामने परोसा जा सके। उसे पाने के लिए अपने गुणों का विकास करना होता है, तत्परता, मुस्तैदी और धीरता भी सीखनी होती है और उम्र तथा अनुभवों का भी इंतजार करना पड़ता है। मगर नेतागिरी का चस्का लग जाने के कारण लोगों की लियाकत घट गई है और जिस जगह पर आदमी धीरे-धीरे और बड़ी कोशिशों के बाद पहुँचता है, उस जगह पर अब लोग छलाँग मारकर पहुँच जाना चाहते हैं।

मगर जो लोग छलाँग मारकर आगे बढ़ना चाहते हैं, उसका कारण क्या है? कुछ तो यह कि कभी-कभी दूसरों को उन्होंने छलाँगें मारकर आगे बढ़ते देखा है और अधिकतर यह कि वह काम करना नहीं, हुक्म चलाना चाहते हैं। वे मानते हैं कि जिंदगी का असली मजा मेहनत करने में नहीं, अपने मातहतों को हिदायत भेजने में है। वे इस बात को भूल

जाते हैं कि हिदायत भेजने की योग्यता काम करने से आती है। और हिदायत भेजने का काम इतना आसान भी नहीं है कि उसे जो भी चाहे, पूरा कर दे। योजना बनाने और आदेश भेजने की सही जिम्मेदारी को वही निभा सकता है जो उन सभी कामों का अनुभव प्राप्त कर चुका है, जिनकी देख-रेख का भार अब उसे सौंपा गया है। इसलिए जो आदमी अनुभव के दौर से होकर गुजरने से इनकार करता है और मेहनत से भागकर आराम की जगह पर पहुँचने के लिए बेचैन है, उसकी यह बेचैनी ही इस बात का सबूत है कि वह अपने संगठन का अच्छा नेता नहीं बन सकता। जिसके चरित्र में धीरता नहीं, उससे बड़े दायित्व के योग्यतापूर्वक निर्वाह की आशा नहीं की जा सकती। चूँकि कुछ अधीर लोग भी संगठन के नेता बन गए हैं, इससे अधीरता नेतृत्व का गुण नहीं बन जाती। उलटे इन तथाकथित नेताओं के आचरण से यही शिक्षा निकलती है कि जो समय से पूर्व नेता बन जाने को बेचैन है, उसे नेता की जगह पर कभी भी मत आने दो।

नेता का पद आराम की जगह है, इससे बढ़कर दूसरा भ्रम भी नहीं हो सकता। अंग्रेजी में एक कहावत है कि किरीट पाने वाला मस्तक बराबर चक्कर में रहता है। तब जो आदमी मेहनत और धीरज से भागता है, उससे यह कैसे उम्मीद की जाए कि वह आठ पहर के इस चक्कर को बर्दाश्त करेगा और जिनमें धीरज नहीं, सबसे अधिक वे ही इस चक्कर को अपने माथे पर लेने को क्यों बेकरार हैं। दुनिया के सामने संगठनों से निकली हुई तैयार चीजें ही आती हैं, नेताओं के हस्ताक्षरों से भूषित कागज के पुर्जे नहीं। और कागज के इन निर्जीव पुर्जों को लेकर दुनिया करेगी भी क्या? लोग तो कपड़े पहनना चाहते हैं। उन्हें यह जानने की कब इच्छा है कि मिलों के पीछे हुक्म किसका काम करता है, हम अखबारों में लेख व संवाद पढ़ना चाहते हैं, जिस चीज पर कलम उठाने को सहायक संपादक बेचैन हैं, उससे संपादकीय को तो कोई पूछता भी नहीं।

जो अपने काम को प्यार करता है, वह कभी नाखुश नहीं होता

और न उसे यही रोग सताता है कि घड़ी-घड़ी मेरा अपमान हो रहा है। जहाँ तक ताकत और अधिकार का सवाल है, नेता चाहे कोई भी हो, अधिकार बराबर उसकी मेज पर बिराजता है, जो मेहनती और ईमानदार है। सारी दुनिया मेहनती और ईमानदार व्यक्ति की खोज में है, क्योंकि हर नेता चाहता है कि वह अपनी थोड़ी-बहुत जिम्मेदारी किसी ईमानदार आदमी पर डाल दे। अधिकार भोगने का जो असली सुख है, नेताओं के नहीं, मेहनती सहायकों के हाथ में है। जो भी परिश्रमी और ईमानदार है, दफ्तर के अधिकार उसकी कुर्सी के इर्द-गिर्द घूमा करते हैं और अब अधिकार भोगने का यह सीधा रास्ता मौजूद है, तब लोग नेता बनने के फेर में क्यों पड़ते हैं? यह भी है कि नेता कोई एक व्यक्ति हो सकता है, लेकिन ईमानदारी और मेहनत के जरिए बहुत से लोग अधिकार का स्वाद ले सकते हैं। इस प्रकार अधिकार भी विकेंद्रित होता है और संगठन की भी तत्परता बढ़ती है।

एक तस्वीर यह है कि कारखाने के मैनेजर को अपदस्थ करके कई लोग उसकी कुर्सी पर अधिकार जमाना चाहते हैं। दूसरी तस्वीर यह है कि बहुत से कार्यकर्त्ता घोर परिश्रम करके अधिक से अधिक अधिकारी को अपने कब्जे में रखना चाहते हैं। अब यह चुनाव करना आसान हो जाता है कि देश की जनता और विश्व की मानवता का कल्याण किसमें है, इस तस्वीर में जिसमें छल-छद्म और साजिश का बोलबाला है या उस तस्वीर में जिसमें हर आदमी सच्चाई और परिश्रम के बल पर आदर और अधिकार पाना चाहता है।

नेतागिरी का लोभ एक-दूसरी दृष्टि से भी मनुष्य को पतित बनाता है। जीवन की विशाल कर्मभूमि की ओर जरा नजर दौड़ाइए। सारा संसार नेतृत्व की अभिलाषा का शिकार हो रहा है। जो व्यापार में हैं, मुनाफाखोरी और चोर बाजारी करके धन में सबसे आगे निकल जाना चाहते हैं, जो नौकरी में हैं, वे अपने ऊपर वाले अफसर को ढकेलकर आगे आने को बेचैन हैं, और जो सामाजिक या राजनीतिक क्षेत्र में काम कर रहे

हैं वे भी ऊपर के नेताओं को हटाकर खुद उनकी जगह ले लेना चाहते हैं। भाषण, गर्जन, तिकड़म और छद्म, झूठे वायदों और धोखे की कसमों से सारा सार्वजनिक जीवन कोलाहल से पूर्ण है। ये सबके सब नेतृत्व की अभिलाषा के दोष हैं। जब मनुष्य यह ठान लेता है कि अपने क्षेत्र में मुझे सबसे आगे बढ़ना है, तब साध्य का आकर्षण उसके भीतर प्रबल हो उठता है और साधन की महत्ता गौण हो जाती है। साधन की महिमा समझने वाला आदमी गलत राह से चलकर आगे आना नहीं चाहेगा और नेतृत्व का लोभ साधन की महिमा को कम करता है, इसमें संदेह नहीं।

अपनी रेखा को बड़ी करने के बदले, दूसरे की रेखा को छोटी-छोटी बनाने का कुत्सित भाव भी नेतृत्व की आकांक्षा से जन्म लेता है और इस कोशिश में वे सभी लोग आसानी से लग जाते हैं, अपनी योग्यता के बारे में जिनकी भावना अतिरंजित होती है अथवा जो यह सोचकर जलते रहते हैं कि मैदान जिनके हाथ में है, असल में उन्हीं लोगों के चलते हमारी बढ़ती नहीं हो रही है।

आए दिन विद्वानों, चिंतकों और नेताओं से हम सुनते ही रहते हैं कि समाज बहुत ही कुरूप हो गया है और इसके सुधार में अब विलंब नहीं किया जाना चाहिए। मगर दुनिया क्यों कुरूप है और उसे सुंदर बनाने का सही तरीका क्या है? प्रतिद्वंद्विता की भावना मनुष्य के स्वभाव में दाखिल है, क्योंकि यह हमारी जीवधारी प्रवृत्ति से निकलती है। लेकिन पशुओं के समान मनुष्य में केवल जीने की ही प्रवृत्ति नहीं होती। दिमाग का मालिक होने के कारण वह सोच भी सकता है और हृदय तथा आत्मा रखने के कारण वह अपने विचार को निर्मल भी बना सकता है। क्या इसे इसका ज्ञान नहीं हो सकता कि केवल पशु-प्रवृत्ति को लेकर चलने से वह मानवता से दूर और पशुता के समीप पहुँच जाएगा? जो भी मनुष्य मानवीय आनंद में वृद्धि करना चाहता है, उसे चाहिए कि वह मनुष्य में जो गुण हैं उनकी प्रशंसा में वृद्धि करे और जहाँ भी ईर्ष्या और द्वेष की लपटें उठ रही हैं, उन लपटों को नीचे लाएँ। व्यक्ति आगे

बढ़ना चाहता है, यह न तो अस्वाभाविक है और न निंदनीय ही। सिर्फ उसे यह देखते चलना है कि खुद को आगे बढ़ाने की कोशिश में कहीं वह उन मूल्यों को तो नहीं कुचल रहा है, जो एक मनुष्य के वैयक्तिक विकास से कई गुणा अधिक मूल्यवान हैं।

लोगों के भीतर दिन-रात नेतृत्व की आकांक्षा जगाते फिरना खतरनाक काम है, और नेता बनने की कोशिश में लगे रहने से हर आदमी नेता बन भी नहीं सकता। बात कड़वी हो या मीठी, लेकिन आदमी वहीं तक जाता है जहाँ तक जाने की उसमें मौलिक शक्ति होती है। ऐसा भी हुआ है कि इस नियम को तोड़कर लोग नेता के पद पर जा पहुँचे हैं। लेकिन, ऐसे अपवादों के नतीजे अच्छे नहीं हुए, क्योंकि या तो वे बहुत जल्दी लुढ़ककर नीचे आ गए अथवा उनका नेता बना रहना इंसानियत के लिए हानिकारक साबित हुआ है।

समाज का असली सुधार उसमें रहने वाले व्यक्ति का सुधार है। व्यक्तियों के ही बुरे या भले होने से हम समाज को बुरा या भला कहते हैं। मुख्य बात यह नहीं है कि हम दूसरों को सुधारने का उपदेश दें, बल्कि यह कि सुधार की जो भी बातें हमारे मन में उठती हों, पहले हम उन्हें अपने चरित्र और स्वभाव पर लागू करें। समाज की सुंदरता दो-चार नेताओं पर नहीं, बल्कि, लाखों-लाख व्यक्तियों के सुधार पर निर्भर करती है।

और नेता होता कौन है? अक्सर वह मनुष्य जो उन मूल्यों को अपने चरित्र और व्यक्तित्व में व्यावहारिक रूप देता है, जिन मूल्यों की समाज को जरूरत होती है। सभ्यता के मूल्य में परिवर्तन करनेवाले लोग पहले उन मूल्यों को स्वयं बरतते हैं और जो ऐसा नहीं करते, उन्हें समाज का हार्दिक सम्मान भी प्राप्त नहीं होता है। इसलिए, उचित यही है कि समाज की जिन कुरीतियों से हमारी नाराजी है, उन्हें सबसे पहले हम स्वयं छोड़ दें, और जिन मूल्यों को हम समाज में लाना चाहते हैं, उन्हें भी अपने वैयक्तिक जीवन में सबसे पहले हमीं बरतना शुरू करें। समाज को योग्य नागरिकों की जरूरत है, नेताओं की नहीं।

हजारी प्रसाद द्विवेदी

हजारी प्रसाद द्विवेदी का जन्म बलिया (उ.प्र.) जिले के ओझवलिया गाँव में सन् 1907 ई. में हुआ था। उन्होंने काशी हिंदू विश्वविद्यालय से ज्योतिषाचार्य की परीक्षा उत्तीर्ण की। सन् 1940 ई. में इन्होंने शांति निकेतन में हिंदी-संस्कृत का अध्ययन प्रारंभ किया। 1950 ई. तक इन्होंने यहाँ प्राध्यापक और निदेशक के रूप में कार्य किया। यहीं कविवर रवींद्रनाथ टैगोर के संपर्क में आने पर मानवतावाद के प्रति आपके हृदय में विशिष्ट आस्था उत्पन्न हुई। 1950 ई. में आचार्य द्विवेदी ने काशी हिंदू विश्वविद्यालय में हिंदी के प्रोफ़ेसर तथा 1960 ई. में पंजाब विश्वविद्यालय के हिंदी विभागाध्यक्ष के पद को सुशोभित किया। द्विवेदी जी ने निबंधकार, उपन्यासकार तथा आलोचक के रूप में हिंदी जगत् में प्रतिष्ठा प्राप्त की। साहित्य के क्षेत्र में उन्होंने विद्वत्तापूर्ण अनुसंधान किया। इनका देहावसान 1979 ई. में दिल्ली में हुआ।

द्विवेदी जी अपने निबंधों में इतिहास, पुराण, साहित्य आदि क्षेत्रों से गंभीर और रोचक तथ्यों को लेकर उन्हें समसामयिकता से जोड़ते हुए प्रस्तुत करते हैं। चिंतन-मनन की प्रचुर सामग्री के साथ पुरातत्त्व का रिक्थ तथा विविध सूचनाओं का मंजर भी उनके निबंधों में रहता है। उनकी कुछ रचनाएँ निम्नलिखित हैं :

इतिहास–हिंदी साहित्य, हिंदी साहित्य का आदिकाल, हिंदी साहित्य

की भूमिका।

निबंध संग्रह–अशोक के फूल, कुटज, विचार-प्रवाह, विचार और वितर्क, कल्पलता, आलोक-पर्व।

आलोचनात्मक ग्रंथ–कालिदास की लालित्य योजना, सूरदास, कबीर, साहित्य सहचर, साहित्य का मर्म।

उपन्यास–बाणभट्ट की आत्मकथा, चारुचंद्र लेख, पुनर्नवा, अनामदास का पोथा, अथरैक्य आख्यान।

द्विवेदी जी भारतीय विधा (इंडोलोजी), पुरातत्त्व, इतिहास, धर्म, दर्शन, संस्कृति, साहित्य और समाज आदि विषयों में गहरी रुचि रखते थे। गंभीर विषयों के साथ-साथ वृक्ष, लता, पहाड़, पशु, पक्षी व प्रकृति विषयों को भी उन्होंने निबंधों के लिए स्वीकार किया। वस्तु-वैविध्य के साथ-साथ शैली-वैविध्य भी उनके निबंधों की विशेषता है।

उच्च स्तरीय ललित निबंधकारों में द्विवेदी जी का प्रमुख स्थान है। द्विवेदी जी भारतीय संस्कृति के विविध-अज्ञात पक्षों को अपने निबंधों में अंकित करते हैं। साधारण से साधारण विषय को अपनी रचनात्मक प्रतिभा के संयोग से महत्त्वपूर्ण बना देना उनकी विलक्षणता है।

द्विवेदी जी की दृष्टि मानवतावादी थी। उनका पांडित्य निबंधों में सर्वत्र झलकता है। उनमें ऐतिहासिक दृष्टि और कल्पना, विद्वत्ता और सरलता, गंभीरता और व्यंग्य विनोद, प्राचीनता और नवीनता, विचारात्मकता और भावात्मकता, स्वच्छंदता और एकसूत्रता का सामंजस्य देखा जा सकता है।

मेरी जन्मभूमि में लेखक ने अपनी जन्मभूमि ओझवलिया के सांस्कृतिक-ऐतिहासिक महत्त्व को रेखांकित करते हुए भारतीय संस्कृति की निरंतर बहने वाली धारा की ओर संकेत किया है। भारत के गतिमान इतिहास में छोटे-छोटे स्थानों का भी अपना सांस्कृतिक-ऐतिहासिक महत्त्व है। रीति-रिवाज, खानपान आदि सब में मानव मात्र के लिए कुछ-न-कुछ संदेश है, वह है–स्वावलंबन तथा विषम परिस्थिति में भी निरंतर उत्साह

से आगे बढ़ते जाने का। लेखक मानवता का संदेश देते हुए कहना चाहता है कि विश्व में कोई भी नीति चिरंतन नहीं रहती, अतः नूतन का ग्रहण, पुरातन तथा अनुपयोगी का त्याग और नवीनता को आत्मसात करना प्रत्येक बुद्धिमान से अपेक्षित है। कोई भी रूढ़ि प्रथा अथवा सत्य त्रिकाल सिद्ध सत्य नहीं है। समय निरंतर चलता है, किंतु मनुष्यता का विकास ही सदैव सबका लक्ष्य होना चाहिए। आचार्य द्विवेदी की दृष्टि में "सामूहिक कल्याण मनुष्य का सर्वोत्तम प्राप्य है।" मनुष्य की मनुष्यता, जो उसे पशु से अलग कर देती है, वही आराध्य है। साहित्य, राजनीति और इतिहास—तीनों का एकमात्र उद्देश्य इसी मनुष्यता की सर्वांगीण उन्नति होना चाहिए।

द्विवेदी जी की भाषा तत्सम प्रधान होने पर भी आत्मीयता से युक्त है। पृष्ठभूमि गाँव की होने के कारण देशज शब्दों का प्रयोग अधिक है, जो स्वाभाविक जान पड़ता है। भाषा प्रसाद गुण से युक्त है। शैली भावात्मक है, बोझिलता से दूर है। शैली का लालित्य मन को बाँध लेता है। भाषण शैली का प्रवाह और ओज तो विद्यमान है ही, विवेचन शैली, भावात्मक शैली, व्यंग्य शैली आदि का प्रभाव भी दिखाई दे जाता है। अपने मत की पुष्टि के लिए संस्कृत आदि भाषाओं की काव्य पंक्तियाँ, सूक्तियाँ आदि उद्धृत की हैं, जो विशेष प्रभाव की सृष्टि करती हैं। शिथिलता, कृत्रिमता अथवा अस्पष्टता से रहित 'मेरी जन्मभूमि' की भाषा-शैली निबंधकार की विशिष्ट सृजनात्मक प्रतिभा की परिचायक है।

मेरी जन्मभूमि

जिस गाँव में साहित्य-चर्चा करने के लिए बैठा हूँ, उसका नाम ओझवलिया है। यह मेरी जन्मभूमि है। इस गाँव के एक हिस्से को 'आरत दुबे का छपरा' कहते हैं। यही वस्तुतः मेरी जन्मभूमि है, परंतु वह हमेशा से इस गाँव का हिस्सा ही रहा है। 'आरत दुबे' मेरे ही पूर्व-पुरुष थे। उन्होंने ही इस छोटे हिस्से को बसाया था, पर बसने के लिए थोड़ी-सी भूमि बलिया गाँव के मालिक ओझा लोगों ने उन्हें माफी में दे दी थी। अब दोनों ही हिस्से एक हो गए हैं। इस तरफ गाँव के नाम के साथ दो शब्द बहुत जुड़े दिखते हैं–'अवली' पल्ली और 'छपरा'। छपरा की परंपरा पूरब में छपरा शहर तक जाकर समाप्त हो जाती है और 'अवली' ग्राम की परंपरा पश्चिम में 'बलिया' तक आती है। मेरा गाँव संयोग से छपरा और अवली का योग है। मुझे इन दोनों शब्दों में इस भूभाग का चिरंतन इतिहास स्पष्ट रूप से समझ में आता है। वस्तुतः बलिया और छपरा नाम के नगरों के मध्यवर्ती भूभाग को गंगा और सरजू जैसी महानदियों का कोप बराबर सहते गंगा की बाढ़ में उनके बह जाने की आशंका बनी रहती है। इस बाढ़ के कारण ही कई-कई गाँव प्रायः एक जगह झुंड बाँधकर बसने को बाध्य होते हैं। इन ग्रामों की 'अवली' को कोई भी पर्यवेक्षक आसानी से लक्ष्य कर सकता है तो इस भूभाग का इतिहास

ही निरंतर बनते और मिटते रहने का है। इसीलिए यहाँ के निवासियों में एक प्रकार 'कुछ परवा नहीं'–भाव विकसित हो गया है। एक अजीब प्रकार की मस्ती और निर्भीकता इन लोगों के चेहरे पर दीखती है। विपत्ति के थपेड़ों से चेहरे सहज ही नहीं मुरझाते। कठिनाइयों में रास्ता निकाल लेना इसका स्वभाव हो गया है। इतिहास की यही विरासत इन्हें मिली है, नहीं तो गंगाजी के दोनों किनारों से कई मील की दूरी में न तो यहाँ कोई पुरातत्त्व का अवशेष बच पाया है न साहित्य का इतिहास लिखने वालों को प्रलुब्ध करने लायक कोई महत्त्वपूर्ण सामग्री। जब मैं अपनी विद्यार्थी अवस्था में हिंदी या संस्कृत का इतिहास पढ़ता था, तो मैं आश्चर्य और लोभ से देखता था कि हमारे इस भूभाग की चर्चा उसमें नहीं है। लेकिन मजेदार बात यह है कि इस भूमि ने संस्कृत के इतने विद्वान पैदा किए हैं कि कई गाँव 'लहुरी-काशी' (छोटी काशी) होने का दावा करते हैं। और ठीक करते हैं। मेरे गाँव से थोड़ी ही दूर पर 'छाता' नाम का एक गाँव है, जिसे यहाँ 'लहुरी काशी' कहते हैं। बहुत दिनों से मेरे मन में यह क्षोभ संचित था। मैं सोचता था क्या साहित्य में इस विद्वत्प्रसू भूमि की कोई देन नहीं है? अचानक आज साहित्य-चर्चा करने का अवसर पाकर मेरे चित्त में वही क्षोभ सावन के मेघ की भाँति घुमड़ पड़ा है। क्या यह सदा का उपेक्षित भूभाग है? बुद्धदेव जहाँ-जहाँ गए थे उन स्थानों का यदि मानचित्र बनाया जाए तो निस्संदेह उनका पदार्पण इधर हुआ होगा, पर प्रमाण कहाँ है? स्कंदगुप्त की विराट वाहिनी भीतरी गाँव होते हुए गई थी। निस्संदेह उन्होंने इस भूमि पर कोई-न-कोई महत्त्वपूर्ण घोषणा की होगी, पर सबूत कहाँ है? कुमार-जीव के पिता निस्संदेह इसी भूभाग के नर-रत्न थे, पर मैं कैसे बताऊँ कि वे किस गाँव के रहने वाले थे! गंगा और सरयू के जल सन्निपात से धौत भूमि की शोभा देखने के लिए जब कालिदास निकले होंगे? तो क्या उड़कर चले गए होंगे? निस्संदेह इन गाँवों में कहीं-न-कहीं ठहरे होंगे। बहुत संभव है कि रघुवंश के महत्त्वपूर्ण सर्गों

का कोई हिस्सा इधर ही लिखा गया होगा; परंतु मेरी बात का विश्वास कौन करेगा? मैं साहित्य की चर्चा करने का अवसर पाकर असल में उतना प्रसन्न नहीं हूँ जितना होना चाहिए। भारतवर्ष के धारावाहिक साहित्य में हमारे इस भूभाग का क्या महत्त्व होगा भला?

अच्छा समझिए या बुरा मेरे अंदर एक गुण है, जिसे आप बालू में से तेल निकालना समझ सकते हैं। मैं बालू में से तेल निकालने का सचमुच ही प्रयत्न करता हूँ, बशर्ते कि वह बालू मुझे अच्छी लग जाए। और यह बात अगर छिपाऊँ भी तो कैसे छिप सकेगी कि मैं अपनी जन्मभूमि को प्यार करता हूँ–''नेह कि गोइ रहै सखि लाज सो कैसे बँधे जल जाल के बाँधे?'' मेरा विचार यह है कि 'इतिहास का साहित्य' कुछ बड़े-बड़े व्यक्तियों के उद्‌भव और विलय के लेखे-जोखे का नाम नहीं है। वह जीवन-मनुष्य के धारावाहिक जीवन के सारभूत रस का प्रवाह है। मेरे गाँव में जो जातियाँ बसी हैं, वे किसी उजड़े महल या गाड़ी हुई ईंटों से कम महत्त्वपूर्ण तो हैं ही नहीं, अधिक महत्त्वपूर्ण हैं। मेरे इस छोटे-से गाँव में भारतवर्ष का बहुत बड़ा सांस्कृतिक इतिहास पढ़ा जा सकता है। ब्राह्मणों की बात तो बहुत कुछ लोग जानते भी हैं, (यद्यपि कम लोग ही यह जानते हैं कि वे कितना कम जानते हैं!) मेरे गाँव में भड़भूजे का पेशा करने वाली 'कांदू' जाति है, जो संस्कृत 'कांदविक' शब्द से संबद्ध है। गुप्त सम्राटों ने इन्हें वैश्य की मर्यादा दी थी, ऐसा मैंने किसी प्राचीन लेख में पढ़ा है। आपको एक विनोद की बात बताऊँ। एक बड़े अच्छे बंगाली पंडित ने कलाओं के संबंध में एक पुस्तक लिखी है। उस पुस्तक में दस-बारह पन्नों में 'कंदु-पक्व' अन्न की कला की विवेचना है। धर्मशास्त्रों के अनुसार कंदु-पक्व अन्न स्पर्श-दोष से दूषित नहीं होता। उक्त बंगाली पंडित ने अनेक कोशों और स्मृतियों के वचन उद्धृत करके यह साबित करना चाहा कि कंदु-पक्व अन्न पावरोटी जैसी कोई चीज होती थी। अगर वे हमारे गाँव में आ गए होते तो उन्हें इतने परिश्रम के बाद इतनी गलत-सी चीज सिद्ध

करने की कोई जरूरत ही नहीं होती। 'कंदु' इन्हीं काँदुओं के भाड़ का नाम है! कौन नहीं जानता कि भड़भूजे की भुनी हुई सामग्री स्पर्श-दोष से रहित होती है! जिन पंडितजी की बात लिख रहा हूँ, उनकी विद्वत्ता और बहुश्रुतता का मैं कायल हूँ और इसीलिए मुझे थोड़ा-बहुत गर्व होता है कि मेरा गाँव इतने बड़े पंडित के ज्ञान में थोड़ा-सा अंश और जोड़ सकता था! फिर हमारे गाँव से कलवार या प्राचीन 'कल्यपाल' लोगों की बस्ती है, जो एकदम भूल गए हैं कि उनके पूर्वज कभी राजपूत सैनिक थे और सेना के पिछले हिस्से में रहकर 'कल्यवर्त' या 'कलेऊ' की रक्षा करते थे। न जाने किस जमाने में इन लोगों ने तराजू पकड़ी थी और अब पूरे 'बनिया' हो गए हैं। ये क्या पुरातत्त्व विभाग के किसी ईंट-पत्थर से कम मूल्यवान हैं? मेरे गाँव में और बनिया जाति के लोग हैं। उनकी परंपरा सुनता हूँ तो मुझे रसेल साहब की वह बात याद आए बिना नहीं रहती कि मध्यप्रांत में एक भी बनिया जाति उन्हें ऐसी नहीं मिली, जिसकी प्राचीन परंपरा किसी-न-किसी राजपूत-कुल से संबद्ध न हो। मेरे गाँव की परंपरा भी उनका समर्थन करती है। एक जाति यहाँ बसती है—तुरहा। जातियों की तालिका में इनका नाम तो मिल जाता है, पर किसी नृतत्त्व-शास्त्रीय विवेचन में मैंने इनकी चर्चा नहीं पढ़ी। मेरा अनुमान है कि यह जाति आर्यों और गौड़ों के मिश्रण की एक कड़ी है। नृतत्त्वशास्त्र के अध्येता इनको अपनी अधीति का उपयोगी विषय बना सकते हैं। अपने गाँव के धोबियों के नृत्य-गीत में मुझे कोई बड़ी भूली हुई परंपरा का स्मरण हो आता है। मेरे गाँव की सबसे मनोरंजक जाति जुलाहों की है। इनके पुरोहित भी मेरे गाँव में हैं। मैंने 'कबीर' नामक अपनी पुस्तक में जुलाहों के साथ नाथ-परंपरा के योग का उल्लेख किया है। अपने गाँव की ही एक मजेदार बात मैं उस पुस्तक में लिखना भूल गया था। जुलाहों के पुरोहित यहाँ 'साईं' कहे जाते हैं। साईं अर्थात् स्वामी नाथ-परंपरा में गुरु को 'नाथ' या 'स्वामी' कहते थे। 'गोरखबानी'

में गोरखनाथ मछंदरनाथ को बराबर साईं कहकर संबोधन करते हैं। अब वे लोग पक्के मुसलमान हो गए हैं। वे केवल नाम में अपनी पुरानी स्मृति ढोते आ रहे हैं। हमारे गाँव के शक-द्वीपीय मग ब्राह्मण भी बहुत महत्त्वपूर्ण ऐतिहासिक जाति के हैं। शक-द्वीप सम्भवतः आधुनिक सगडियाना है, जहाँ के 'मगी' लोग सारे संसार में तंत्र-मंत्र के लिए प्रख्यात थे। सुना है, 'ओल्ड टेस्टामेंट' में भी इनकी चर्चा है। अंग्रेजी में 'मैजिक' शब्द में भी इन मगों की स्मृति रह गई है। भारतवर्ष में यह जाति ब्राह्मण की ऊँची मर्यादा पा सकी है और सच पूछिए तो ये लोग जहाँ-जहाँ गए थे, वहीं आदर और सम्मान पा सके थे। अब भी ये सुसंस्कृत और चतुर हैं। मेरे गाँव में 'दुसाध' नाम की अंत्यज जाति है। इनके रंग-रूप को देखकर कोई नहीं कह सकता कि ये लोग अंत्यज जाति के हैं। अंग्रेज लोग जब देश में राज्य स्थापना में समर्थ हुए तो उन्हें कुछ अत्यंत दुर्दांत जातियों का सामना करना पड़ा था। उत्तर भारत में अहीर और दुसाध तथा बंगाल के डोम बड़े लड़ाके थे और कानून मानने से सदा इनकार करते थे। चतुर अंग्रेजों ने इन जातियों से चौकीदार का काम लेकर इन्हें वश में किया! लोहा से लोहा काटने की नीति में अंग्रेज अपना प्रतिद्वंद्वी नहीं जानता। अहीरों का बहुत-कुछ अध्ययन हो चुका है। जाना गया है कि किसी जमाने में इस दुर्दांत जाति का राज्य अनेक प्रदेशों में था। बंगाल के डोम सहजिया बौद्ध थे और किसी जमाने में प्रबल पराक्रांत राज्यों के अधीश्वर थे। अधिकार-वंचित होने पर ही ये लोग दुर्दांत हो गए थे। दुसाधों के पुरातन इतिहास का कोई पता मुझे नहीं है, पर निस्संदेह ये भी किसी अधिकार-च्युत बड़ी जाति के भग्नावशेष होंगे?[1] मेरे गाँव के दुसाध बड़े वीर, विनयी और भद्र हैं।

---

1. मुझे श्री भगवतशरणजी उपाध्याय ने बताया है कि गुप्त नरपातियों के लेखों में 'दुःसाध्य साधन' करनेवाली जिस जाति का उल्लेख है; उन्हीं का वर्तमान रूप यह दुसाध जाति है। 'दुःसाध्य-साधनिक' गुप्त सम्राटों की पुलिस का कोई विभाग था।

ये अपनों को अब दुःशासन वंशज बताने लगे हैं। इनके देवता राहु बाबा हैं। कभी-कभी मैं सोचता हूँ कि हिंदुओं की ग्रहमंडली में जो राहु देवता हैं, वे इन्हीं की देन तो नहीं हैं। इतना तो निश्चित है कि राहु वैदिक देवता नहीं हैं। आजकल राहु के नाम पर चलनेवाले वैदिक मंत्र (कांडात् कांडं प्ररोहंती.) में 'र' और 'ह' अक्षरों के अतिरिक्त ऐसा कुछ भी नहीं है, जिसे राहु से संबद्ध माना जा सके। जो हो, यह जाति भारतीय इतिहास की निश्चय ही एक महत्त्वपूर्ण देन है। कैसे कहूँ, मेरी जन्मभूमि के इस छोटे गाँव में महाकाल देवता के रथचक्र की लीक एकदम नहीं पड़ी है।

यदि मुझे अपने गाँव की सांस्कृतिक पैमाइश करने की सुविधा प्राप्त हो तो मेरा विश्वास है कि कुछ-न-कुछ महत्त्वपूर्ण ऐतिहासिक सामग्री अवश्य मिलेगी। यहाँ गाँव में कई कालीजी के स्थान हैं, जो एक चबूतरे पर नीम के पेड़ के नीचे मिट्टी के गोल-गोल शंकु-आकृति की पिंडियाँ हैं। कहते हैं, यह प्रथा बहुत पुरानी नहीं है। भगवती का शिखरहीन मंदिर मेरे देखने में यहाँ एक ही है, जो मेरे गाँव से सटा हुआ है। सबसे आश्चर्यजनक है महावीरजी का (अर्थात् हनुमानजी का) स्थान। इस प्रदेश में ऊपर-ऊपर सजाए हुए क्रम-ह्रस्व तीन चौकोर चबूतरों को ही महावीरजी कहते हैं। इन्हें देखकर बौद्ध-स्तूपों की याद बरबस आ जाती है। मनोरंजक बात यह है कि इन स्थानों पर महावीरजी की जब जैजैकार की जाती है तो 'महावीर स्वामी' की जै बोली जाती है। मुझे यह 'स्वामी' और स्तूपाकृत स्थान और 'महावीर' शब्द बहुत तरह के अनुमान को प्रेरित करते हैं। क्या किसी प्राचीन बौद्ध या जैन या मिस्र परंपरा से इनका कोई संबंध है? अपने गाँव की ठाकुरबारी में जो हनुमानजी हैं, वे मूर्ति-रूप में हैं, स्तूप-रूप में नहीं। मेरे गाँव की देवतामंडली में इधर हाल ही में एक नई देवी का पदार्पण हुआ है। इनका नाम है 'पिलेक-मैया' अर्थात् प्लेग माता। इनका स्थान भी बन गया है, पूजा भी होने लगी है और एक भक्त पर उनका आवेश भी होता है। सौ वर्ष बाद यदि

कोई कहे कि प्लेग अंग्रेजी शब्द है और यह देवी अंग्रेजी साहचर्य की देन है तो निष्ठावान हिंदू शायद कहने वाले का सिर तोड़ देगा। लेकिन मेरे गाँव की 'पिलेक-मैया' हिंदुओं के अनेक देवताओं पर जबरदस्त प्रश्न-चिह्न के रूप में तो रह ही जाएँगी। जब मैंने एक मित्र को बताया था कि कुरुकुल्ला और उनकी श्रेणी की देवियाँ तिब्बती परंपरा की देन हैं, यहाँ तक कि दश महाविद्याओं की 'तारा' और 'छिन्नमस्ता' का भी संबंध तिब्बत के प्राचीन 'बोत' धर्म से साबित किया जा सका है तो उन्होंने मुझे 'वज्रनास्तिक' कहकर तिरस्कार किया था। काश, मेरे मित्र जानते कि 'वज्र' भी आर्येतर जातियों के संस्रव का फल हो सकता है।

ऐसे ऐतिहासिक अवशेषों के भीतर से यहाँ 'मनुष्य' की दुर्जय विजय-यात्रा चली है। निस्संदेह साहित्य के इतिहास में इन संस्कृति चिह्नों की कोई चर्चा न आना क्षोभ का ही विषय है। हमारी भाषा में इनकी स्मृति है हमारे जीवन में इनका पद-चिह्न है। हमारी चिंताधारा में इनका कोई स्थान होगा ही नहीं, यह कैसे मान लूँ? परंतु साहित्य का जो इतिहास हमें पढ़ाया जाता है, वह क्या मनुष्य की अप्रतिहत विजय-यात्रा का कोई आभास देता है? हम क्यों नहीं अपने को ही पढ़ने का प्रयास करते। आप जब मुझसे अनेक साहित्यिक प्रश्न पूछते हैं तो मेरा चित्त बहुत प्रसन्न नहीं होता। लेकिन आपका एक प्रश्न मुझे थोड़ा उत्फुल्ल कर सका है। आप पूछते हैं कि इस संक्रांतिकाल में साहित्यिकों का क्या कर्तव्य है? यहाँ बैठकर मैं उस कर्तव्य को जितना स्पष्ट और अनाविल रूप में देख रहा हूँ, उतना अन्यत्र से शायद ही देख सकता।

मैं स्पष्ट ही देख रहा हूँ कि नाना जातियों और समूहों में विभाजित मनुष्य सिमटता आ रहा है। उसका कोई भी विश्वास और कोई भी नीति-रीति चिरंतन होकर नहीं रह सकी है। उनके न तो मंदिर ही अविमिश्र हैं, न देवता ही चिरकालिक हैं। मनुष्य किसी दुस्तर तरण के लिए कृतसंकल्प है। जातियों और समूहों के भीतर से उसकी

विजय-यात्रा अनाहत गति से बढ़ रही है। वह अपनी इष्ट सिद्धि के लिए बहुत भटका है। अब भी भटक रहा है, पर खोजने में वह कभी विचलित नहीं हुआ। ये अधभूले नृत्य-गीतों की परंपराएँ उसकी नवग्राहिणी प्रतिभा के चिह्न हैं, ये नवीन देवताओं की कल्पना उसके राह खोजने की निशानी हैं और ये भूली हुई परंपराएँ इस बात का संकेत करती हैं कि वह परंपरा और संस्कृति के नाम पर जमे हुए किट्टाभ संस्कारों को फेंक देने की योग्यता रखता है। हमारे गाँव की विविध जातियाँ यह सिद्ध करने को पर्याप्त हैं कि तथाकथित जाति-प्रथा कोई फौलादी ढाँचा नहीं है। उसमें अनेक उतार-चढ़ाव होते रहे हैं और होते रहेंगे। संक्रांति काल से आप क्या समझते हैं, यह तो मुझे नहीं मालूम, पर साहित्यिक का कर्तव्य तो स्पष्ट है कि वे कभी किसी प्रथा को चिरंतन न समझें, किसी रूढ़ि को दुर्विजेय न मानें और आज की बनने वाली रूढ़ियों को भी त्रिकालसिद्ध सत्य न मान लें। इतिहास-विधाता का स्पष्ट इंगित इसी ओर है कि मनुष्य में जो 'मनुष्यता' है, जो उसे पशु से अलग कर देती है, वही आराध्य है। क्या साहित्य और क्या राजनीति, सबका एकमात्र लक्ष्य इसी मनुष्यता की सर्वांगीण उन्नति है।[1]

1. एक मित्र के नाम लिखा पत्र।

डॉ. एन. ई. विश्वनाथ अय्यर

केरल निवासी अय्यर जी हिंदी के प्रतिष्ठित लेखक हैं। इन्होंने एम.ए. (संस्कृत) मद्रास से किया तथा एम.ए. (हिंदी) काशी से किया। पी-एच. डी. की उपाधि इन्होंने सागर से प्राप्त की। केरल विश्वविद्यालय के विभिन्न कॉलेजों में अध्यापन के उपरांत आप केरल विश्वविद्यालय के हिंदी विभाग में प्राध्यापक रहे और उसके बाद विभागाध्यक्ष बने। तदुपरांत आप कोचीन विश्वविद्यालय के हिंदी विभाग के प्रथम आचार्य और विभागाध्यक्ष तथा भाषा के डीन बने।

आप दक्षिण के अनेक विश्वविद्यालयों से विभिन्न प्रकार से बराबर संबद्ध रहे हैं। आप कई अखिल भारतीय समितियों के सदस्य रह चुके हैं तथा राज्य और राष्ट्रीय स्तर के पुरस्कारों के प्राप्तकर्त्ता भी।

अनुवाद में आपकी विशेष रुचि है। आपने मलयालम, तमिल, हिंदी और अंग्रेजी का परस्पर अनुवाद किया तथा अनुवाद के सैद्धांतिक और व्यावहारिक पक्ष के अध्यापन और चिंतन में वर्षों से लगे हैं। डॉ. अय्यर की 'अनुवाद कला' नामक पुस्तक विशेष लोकप्रिय है।

रचनाएँ–'शहर सो रहा है', 'उठता चाँद डूबता सूरज', 'फूल और काँटे' आपके ललित निबंध हैं।

'आधुनिक हिंदी काव्य' तथा 'मलयालम काव्य' काव्य संकलन हैं। 'जड़ें' और 'आधी घड़ी' मलयालम से अनूदित उपन्यास हैं। 'तुकाराम'

अंग्रेज़ी से मलयालम में अनूदित है।

'अनुवाद कला' तथा 'अनुवाद : भाषाएँ-समस्याएँ', 'कार्यालय : विधि और पत्राचार' आदि उनकी अन्य पुस्तकें हैं। डॉ. अय्यर दक्षिण के प्रतिष्ठित ललित निबंधकार हैं।

लेखक ने प्रस्तुत निबंध **होली और ओणम** में उत्तर और दक्षिण के दो महत्त्वपूर्ण त्योहारों के पौराणिक आधार तथा उनके मनाए जाने के स्वरूप पर प्रकाश डाला है। होली के त्योहार के पीछे यदि होलिका के भ्रातृत्व की ममता के कारण उसके शत्रु का यशगान करने वाले बालक को भस्मसात् करने के प्रयास में स्वयं भस्म होने की कथा है, तो होलिका के रूप में प्रतिवर्ष असत्य और बुराई को जलाया जाता है, तो ओणम के पीछे असुरराज बैरोचति (महाबलि) द्वारा वामन रूपधारी विष्णु को दिए तीन कदम धरती के दान की कथा है जिसमें छल से वामन ने तीनों लोक नाप लिए। केरलवासी मानते हैं कि इस दिन महाबलि पधारते हैं। दोनों त्योहारों पर स्थानीय रंग, प्रकृति तथा लोक रीतियों का प्रभाव पड़ना स्वाभाविक है। 'ओणम तथा होली' स्थानीय प्रभावों की महत्त्वपूर्ण भूमिका है। दोनों उत्सव मिलन के उत्सव हैं, खेती से प्राप्त अच्छी उपज के हर्ष के परिणाम हैं। इनकी अभिव्यक्ति लोक तथा साहित्य दोनों में मिलती है। ओणम में भूस्वामी तथा किसानों के बीच मधुर संबंधों की स्मृतियाँ भी हैं। तथा यह संदेश भी कि उत्सवों को व्यावसायिक बनाने से उनकी गरिमा नष्ट हो जाती है।

होली और ओणम

भाग्य बली एवं विलक्षण होता है। इसीलिए कुंती देवी ने उत्तरा को उचित आशीर्वाद दिया था—'भाग्यवन्तं प्रसूयेथाः।' संसार में कठिन बलिदान करने पर भी कोई-कोई याद नहीं किए जाते। उलटे दूसरे की भलाई करने-कराने वालों को ईर्ष्यावंश मिट्टी में मिला देना अपना व्रत माननेवाले फूलते-फलते हैं। किंतु समय का जौहरी तो सबको परखता है और उचित न्याय करता है। हाय री अभागिनी होलिका, तुमने भाई के प्रति ममता निबाहने की आशा में उसके शत्रु का यश गानेवाले बालक को भस्मसात् करने के लिए अग्निपरीक्षा दी। भाग्य की लीला! तुम जल गईं और बालक बच गया। यही बात होती तो गनीमत थी। तुम इतनी अभागिनी रहीं कि अब तक तुम्हारी बदनामी खत्म नहीं हुई। अब भी प्रतिवर्ष बच्चे, जवान, औरतें और बूढ़े तुम्हारी मूरत बनाकर उसे गाली से, थूक से, और जाने क्या-क्या से अभिषेक करते हैं—उसे जलाते हैं, चारों तरफ चक्कर लगा-लगाकर अट्टहास करते हैं। उत्तर भारत में गली-गली में यह होली-कांड चलता है।

भाग्य की लीला का उल्टा रूप देखिए। प्रजारंजन विधिवत् करते हुए यज्ञ-याग आदि से अपनी महिमा की सार्थकता देते असुरराज बैरोचनि (महाबलि) ने किसी का अहित नहीं किया था। उनके यश के प्रति ईर्ष्यालु

देवताओं की प्रार्थना के कारण भगवान् महाविष्णु को कपटलीला करनी पड़ी। अनिच्छापूर्वक ही सही, उन्होंने वामन-वेश धारण किया। संभव है, अपने गलत काम की बात सोचते-सोचते वे स्वयं सिमटकर वामन हो गए हों अग्निमुख और पवित्र कहलाने वाले देवों के लिए कपट की मूर्ति बनकर नारायण ने तीन कदम की मिट्टी महाबलि सम्राट से माँगी। वे छल से अपरिचित थे। हँसकर कहने लगे कि कैसी बेतुकी याचना कर रहे हो। आचार्य शुक्र ने शिष्य को सावधान किया कि यह बटु छली है और तुम्हारा सर्वनाश करना चाहता है, मगर धन्य हो असुरेश्वर महाबलि, तुमने जान-बूझकर अपना सर्वस्व शत्रु को दिया। भुवन के अधीश्वर ने तुम्हारे आगे हाथ पसार कर भिक्षा माँगी थी। तुमने सर्वस्व देकर उन्हें हमेशा के लिए बौना बना दिया। सुरराज को फिलहाल संपत्ति जरूर मिली। पर वह हमेशा के लिए तुम्हारी तुलना में कायर एवं अवगुणी निकला। समय के जौहरी ने तुम्हारी कीर्ति को चिरंतन कर दिया। तुम आदर्श रंजनकारी राजा के रूप में अमर हो गए। तुम्हारे शासन का युग समता और संतोष का, न्याय और निश्छलता का, आनंद और उल्लास का आदर्श युग रहा था। इसीलिए तुम प्रतिवर्ष अब ओणम पर हम लोगों को दर्शन देने केरल आते हो, तब तुम्हारी गाथा पुनः जीवंत हो उठती है।

होली और ओणम दोनों की पुराण कथाएँ विख्यात हैं। प्रथम में असुर की धूर्त्तता की गाथा है तो दूसरी में उसके आदर्श बलिदान की कथा है। फरक इतना जरूर है कि महाबलि की स्तुति असुर के रूप में न करके आदर्श महादानी सम्राट के रूप में की जाती है। ये दोनों कथाएँ मानव-प्रकृति के विभिन्न पक्षों पर प्रकाश डालती हैं—दूसरों के अहित के लिए अपनी जान निछावर करना और दूसरों के हित के लिए अपनी जान निछावर करना। होली-उत्सव पहले पक्ष का प्रतीक है और ओणम दूसरे पक्ष का।

उत्तर भारत और केरल में कितने ही त्योहार-मेले होते हैं। फिर भी होली और ओणम की जो सामान्य भूमिकाएँ हैं वे विशेष उल्लेखनीय

हैं। हमारे अधिकांश पर्व पुराणों से मूल तत्त्व ग्रहण तो करते हैं, मगर जन-मानस उन्हें आंचलिक रूपों में आगे बढ़ाते हैं। इनके उल्लास उत्सव और आचरण का ही स्वरूप आगे चलकर महत्त्व धारण करता है। उत्सव का धार्मिक पक्ष सूक्ष्म और थोड़े-से बुजुर्गों तक सीमित रहता है। बहुमत का संबंध तो उसके आनंद-पक्ष से है। स्त्रियों और बुज़ुर्गों से सुनते-सुनते हम लोग होलिका राक्षसी और उसके दहन की कथा से परिचित रहते हैं। अधिकतर लोग यही समझते हैं कि होली गीला-सूखा रंग खेलने, नए कपड़े पहनने, मालपुआ-मिठाई खाने और बंधु-मित्रों से मिलने का त्योहार है। चौकों और चौराहों पर, गलियों के मोड़ पर होलिका-दहन की परंपरा भी प्रचलित है।

ओणम की पौराणिकता तो अत्यंत सूत्र रूप की है। इसे केरल में महाबलि के पधारने का दिन मानने की परंपरा ही इसके मूल में है। शेष सब विस्तार केरलीय लोक-संस्कृति का विकसित रूप ही है। ओणम के देवता तृक्काक्करप्पन (तृक्काक्करा गाँव के देव) हैं। उनकी मूर्ति मिट्टी से बनाकर गोबर से लीप, घर के आँगन में प्रतिष्ठित की जाती है। इसी देवता के स्वागत-सत्कार के उपलक्ष्य में दस दिनों तक फूलों की रंगोली सजती है। दसवें दिन देवता को शक्कर-चावल की मीठी छोटी रोटी का भोग चढ़ता है। इन दस दिनों में केरलीय हिंदू-परिवारों का जो समाँ है वह होली की तैयारियों के दिनों में उत्तर भारतीय हिंदू परिवारों की चहल-पहल से मिलता-जुलता है। वहाँ घरों की लिपाई, कपड़ों की सिलाई और मिठाइयों की तैयारी–सब कुछ होली के आगमन के निशान हैं। केरलवासी तो बेसन, घी और शक्कर के चमत्कारों से कम परिचित हैं। नेंत्रन केले की चिप्स, गुड़ और दूध की तीन-चार किस्म की खीर तक ही शुद्ध केरल का मिठाई-संसार सीमित है। वैसे उत्सव का महत्त्व होली और ओणम दोनों को प्राप्त है। शिक्षालय, कार्यालय, दुकान, कारखाना–सब छुट्टी देकर उत्सव में सहयोग देते हैं।

दोनों त्योहारों की प्राकृतिक भूमिका समान है। भारत के अधिकांश

पुत्र धरती के लाल हैं। धरती के आनंद और उल्लास के समय वे भी आमोद-उल्लास मनाते हैं। हहराती शीतलहरी के थमने के बाद वसंत की प्यारी झलक आम के बौरों में, अशोक के फूलों में और प्रायः सभी पुलकित तरुओं में दिखाई देती है। नए वर्ष में मन की उदासी की जगह उमंग उमड़ आती है। ऋतुओं के परिवर्तन की यह छटा उत्तर भारत में जिस प्रकार सुलभ है उस प्रकार दक्षिण में—खासकर केरल में नहीं मिलती। यहाँ तो वर्षाकाल, मद्धिम काल और ग्रीष्मकाल—तीन ही मौसम हैं। कटकमास केरल में वर्षा का वरदान लाता है, पर यह वरदान बढ़-बढ़कर अभिशाप होता है और लोग सिंहमास की उत्सुक प्रतीक्षा में अधीर रहते हैं। नया केरलीय वर्ष सिंहमास में प्रारंभ होता है। सुहावना मौसम, सुनहली धान की बालियों से भरा घरबार, साग-सब्जी की झाँकी हर दिशा में—किसान और खेत का मालिक—सबकी तिजोरी में चाँदी होती है, ओठों पर मोती भी।

होली और ओणम के पर्वों पर लोक-मानस की प्रतिक्रिया एक-सी रहती है—मन में मस्ती, कंठ में सरगम, पैरों में पायल की रुनझुन और भुजा में फड़कन। होली पर किशोरी-किशोर बहुरंगीन पिचकारियों से एक-दूसरे को रंग-विभोर कर देते हैं। युवतियाँ और युवक रंगों की पिचकारी के बहाने एक-दूसरे के दिल का रंग भरते और हरते हैं। प्रौढ़ों की दशा कुछ गंभीर होने के कारण वे सूखे रंग से परस्पर स्वागत और आलिंगन कर लेते हैं। यह शिष्टता की लक्ष्मण रेखा जब विभिन्न कारणों से टूट जाती है तब रावण की लीला शुरू होती है और लंका-कांड का प्रसंग आता है। यह अधिकतर सरल देहाती हुड़दंग होता है। किंतु मन की उदारता एवं हास्य-चेतना की कमी से जनित हिंसात्मक मनोवृत्ति भी कहीं-कहीं होली के रंग में भंग कर देती है। होली के दिन सड़कों पर, खासकर मस्जिदों के पास हथियारबंद सिपाहियों को देखकर हमें शरम भी आती है।

ओणम तो प्रायः शांतिपूर्ण उत्सव होता है। व्यावहारिक दृष्टि से

यह चार दिनों का उत्सव है—उत्तराषाढ़, श्रावण (मुख्यपर्व), श्रविष्ठा और शतभिषक्। जब केरल इतनी नागरिक मजदूर-सभ्यता से आक्रांत नहीं था, किसान और भूस्वामी का संबंध पारिवारिक-सा मधुर था, तब चारों दिन दावत और चहल-पहल होती थी। किसान भूस्वामी को साग-सब्जी और फल की भेंट चढ़ाते थे। भूस्वामी उन्हें नए कपड़ों की भेंट देते। गृहस्वामी घर के सारे सदस्यों को नए कपड़े देते। साधारण दिनों में केरल का भोजन एकदम सादा रहता है, किंतु ओणम के दिन षड्रस भोजन मिलता है। युग के बदलते-बदलते पुराने सादे कपड़ों की जगह भड़कीले रंगीन कपड़े आ गए हैं।

होली और ओणम असल में मिलन के उत्सव हैं। बिछुड़े हुए बंधु और मित्र इस पर्व पर मिलते हैं। परिवार की विघटनशील वृत्ति के बढ़ते-बढ़ते पूरे परिवार के सदस्यों के मिलने के लिए ओणम और होली ही सुनहरा मौका देते हैं। निजी स्वार्थ के भँवर में फँसे हुए अभागे स्त्री-पुरुष इसको भी ठुकराने में शान समझते हैं। होली के मिलन में जो आत्मीयता है, ठेठ देहाती मुद्रा है, गले लगाने का जो खुलापन है, वह ओणम ही क्या, किसी दूसरे पर्व में नहीं मिलता। यों, उत्तर भारत के दूसरे पर्व रक्षाबंधन में किसी भी सहृदय को बहन के पवित्र प्रेम की भेंट देने की जो अद्भुत ममता है, वह अन्य किसी पर्व में मिलना मुश्किल है। ओणम की विशिष्टता उसकी निश्छल ग्रामीणता में है। दफ्तरों, कारखानों के बड़े बाबू भी स्टार होटलों के लंच में वह मजा कहाँ पाएँगे जो ओणम के दिन अपने घर पर बंधुजनों के साथ केले के पत्ते पर पापड़, केला और खीर का भोजन करने में मिलता है।

होली का उत्सव होली के गान में, नाच में, बाजार में, शाम की नाव-यात्रा में, मंदिरों के दर्शन में, कई दिशाओं में विस्तार पाता है। राधाकृष्ण की होली कथक-ओडिसी आदि अनेक नृत्य-शैलियों में प्रस्तुत होती है। साहित्य को भी होली का बहुमुखी योगदान प्रसिद्ध है। होली है तो बुर्ज्वा संस्कृति की चीज, मगर वर्तमान फिल्म-संसार होली के अभाव

में सूना-सूना रहता है। ओणम का पूरा उल्लास गाँवों में ही अधिक पाया जाता है। ओणम के लोकगीत मशहूर हैं। नाव की दौड़ के लिए जो खास 'वंचिप्पाट्टु' धुन चली है, उसके ताल और लय ओणम के दिन केरल की नदियों-झीलों में सुनाई देते हैं। केरल की श्वेतांबरा किशोरियाँ और महिलाएँ भी ओणम के खास नृत्य तिरुवातिरक्कलि में अपना मानसिक उल्लास पाती हैं। ओणम के अन्य लोकनृत्य भी हैं। जिस प्रकार होली मनाने की परंपरा गाँव-गाँव में कुछ बदलती है, उसी प्रकार ओणम के विनोद के विभिन्न रूप विभिन्न स्थानों पर प्राप्त होते हैं। लोक-साहित्य और शिष्ट-साहित्य दोनों में ओणम का योगदान महत्त्वपूर्ण है। केरल के कवि कुंजुरामन नायर तो ओणम के कवि ही कहलाते हैं।

होली और ओणंम सचमुच ऐसे पर्व हैं जो हमारी परंपरा की स्मृति ताजी बनाए रखते हैं। दिल से दिल मिलानेवाली होली ग्राम के सुहावने और सरल वातावरण की सुगंध का अनुभव कराने वाला ओणम—नए तथाकथित बौद्धिकतावादी और महानागरिक जीवन के रेगिस्तान के नखलिस्तान हैं। मगर आजकल इन पर्वों की वाणिज्यिक संभावनाओं पर विचार चल रहा है। ओणम को पर्यटक उत्सव बनाकर अधिकाधिक पर्यटकों को केरल निमंत्रित किया जा रहा है। गत वर्ष लाखों रुपए खर्च कर ओणम-सप्ताह सरकारी स्तर पर मनाया गया। इस वर्ष भी यह कार्यक्रम आयोजित है। सितंबर के दूसरे सप्ताह में केरल आनेवाले कलाप्रेमी यात्रियों को नयन-महोत्सव प्राप्त होगा। उस उत्सव में केरलीय ललित कलाओं, धार्मिक कलाओं और नए नाटकों को प्रस्तुत करने का मौका मिलेगा। कलावंतों को प्रोत्साहन देने की यह योजना श्लाघनीय है। महँगाई से घुटते-घुटते परेशानी में दिन बिताने वाले नागरिक और देहाती इन कलाओं से दिल बहलाते हुए अपना गम कुछ भुला भी सकते हैं। फिर भी ओणम-पर्व के पीछे जो श्रद्धा गरिमा है, जो पवित्र संकल्पना है, वह क्या नष्ट नहीं होती? अपने उत्सवों को बेचकर पर्यटकों से धन

कमाने की हमारी व्यावसायिक सूझ और स्वार्थभावना देख महाबलि सम्राट खुश तो जरूर नहीं होंगे। शायद समारोह के संयोजक अफसर पहली पंक्ति की एक कुरसी का कांप्लिमेंटरी टिकट महाबलि को देकर बात समाप्त कर दें।

संभव है, उत्तर भारत भी केरल से प्रेरणा ग्रहण कर होली के उत्सव को पर्यटकीय आनंद का उत्सव बना दे और व्यावहारिक कुशलता से सरकारी खजाना भर दे या लाखों का खर्च करे। यदि अभी ऐसा कुछ चल रहा है, तो उसकी जानकारी मुझे नहीं। क्षमा-प्रार्थी हूँ।

रामवृक्ष बेनीपुरी

मुजफ़्फ़रपुर जिला के बेनीपुर गाँव में 1909 में जन्मे रामवृक्ष बेनीपुरी ने साहित्य की सभी विधाओं को अपनी सशक्त लेखनी से समृद्ध किया। नाटक, उपन्यास, कहानी, रेखाचित्र, संस्मरण, जीवनी, यात्रा-वृत्तांत—कोई भी ऐसी विधा नहीं, जो इनकी लेखनी से अछूती रही हो। उन्होंने गाँधीजी के प्रभाव में भारतीय स्वाधीनता संग्राम में कूदकर स्वतंत्रता सेनानी के रूप में अपना योगदान दिया तो साथ ही पत्रकारिता के क्षेत्र में भी अपनी छाप छोड़ी। बेनीपुरी जी ने 'तरुण भारत', 'किसान मित्र', 'युवक', 'लोकसंग्रह', 'कर्मवीर', 'योगी' आदि अनेक पत्र-पत्रिकाओं के माध्यम से देश प्रेम की ज्योति जगाई।

स्वतंत्रता के बाद वे गाँधीवादी विचारधारा से समाजवाद की ओर झुक गए। अपने साहित्य में, उन्होंने जीवन के विविध अनुभवों को रोचक अभिव्यक्ति दी है। उनकी 'अम्बपाली', 'नेत्रदान', 'विजेता' आदि नाट्यकृतियाँ, 'गेहूँ और गुलाब', 'वंदे वाणी विनायकौ', 'मशाल' आदि निबंध संग्रह हैं। 'पतितों के देश में' उपन्यास, 'चिता के फूल' कहानी संग्रह तथा 'जंजीरें और दीवारें' संस्मरण संकलन आदि प्रसिद्ध हैं। रेखाचित्र तथा निबंध लेखन के क्षेत्र में रामवृक्ष बेनीपुरी को विशेष ख्याति प्राप्ति हुई है।

इनका प्रथम शब्दचित्र संग्रह 'लालतारा' 1938-39 ई. में प्रकाशित

हुआ, जिसमें संकलित 16 शब्दचित्रों में क्रांति, प्रकृति जैसे विषयों का संस्पर्श किया है।

व्यक्ति प्रधान रेखाचित्रों में किसी व्यक्ति के गुण-दोषों का वर्णन, उसके जीवन की घटनाओं और पहलुओं का उद्घाटन किया जाता है। उनकी 'मील का पत्थर' कृति ऐसी ही है जिसमें प्रेमचंद, बर्नार्ड-शा, विनोबा भावे जैसे महान व्यक्तियों के रेखाचित्र हैं।

घटनाप्रधान रेखाचित्रों में, जहाँ तथ्य को विशेष महत्त्व दिया जाता है, बेनीपुरी की 'हँसिया और हथौड़ा', 'गुलाब और गेहूँ' रेखाचित्रों से संबद्ध कृतियाँ प्रशंसनीय हैं। यहाँ लेखक की समतावादी दृष्टि उजागर हुई है तथा पूँजीवादी व्यवस्था के विरुद्ध विद्रोह की आवाज उभरी है।

बेनीपुरी जी की रचनाओं का उद्देश्य ऐसे समाज और संसार की रचना करना है, जिसमें विश्व संस्कृति का सम्यक् प्रस्फुटन हो सके। बेनीपुरी जी के साहित्य में कल्पना की रंगीनी मिलती है। कल्पना और भावुकता के स्पर्श से उनका साहित्य हमें रस दशा की ऊँचाई तक ले जाता है, जहाँ आदर्श का आलोक यथार्थ के ढाँचे को सही रूप में स्पष्ट कर देता है।

अंग्रेज़ी शब्द (Sketch) स्केच को हिंदी में रेखाचित्र नाम दिया गया है, जिसमें किसी व्यक्ति विशेष के चरित्र, स्वभाव और गुणों का कलात्मक वर्णन होता है। इसमें लेखक अपनी भावना एवं कल्पना की तूलिका से, कम-से-कम शब्दों में, कलात्मक ढंग से किसी व्यक्ति अथवा वस्तु का दृश्य उकेरता है।

सभी साहित्यिक विधाएँ रागात्मक बिंब योजना का आधार लेती हैं, इसीलिए बिंब को साहित्य का मुख्य साधन माना गया है, लेकिन रेखाचित्र में बिंब का विशेष महत्त्व है, क्योंकि रेखाचित्र संकुलित बिंबों को उनकी चरम स्थिति में उभारने का प्रयत्न है। बेनीपुरी जी बिंबों के धनी हैं, प्रस्तुत रेखाचित्र **सरयू भैया** में भी उन्होंने दृश्य-बिंबों का प्रयोग किया है।

बेनीपुरी जी ने रेखाचित्रों में महान की अपेक्षा सामान्य और सरल को अधिक महत्त्व और स्थान प्रदान किया क्योंकि वे सामान्य और असाधारण विशेषताओं का मूल्य जानते हैं। सरयू सामान्य होते हुए भी मानवीयता के असाधारण गुणों से युक्त है। उसने अपने को बृहत्तर यथार्थ से जोड़ रखा है, जिसके लिए उसकी अपनी निजता, अपना हित कहीं खो गया है, न उसे ढूँढ़ने की ही चिंता उसे है। वह तो परमार्थ में ही अपने जीवन की सार्थकता की तलाश कर रहा है, अपने लिए कुछ सोचने का अवकाश ही उसके पास कहाँ है? अनेक मानवीय गुणों के होते हुए भी सरयू भैया का सारा जीवन अनेक यातनाओं से भरा है। संघर्ष और पीड़ा को सहते हुए भी परमार्थ के आनंद में जीवन कैसे मौज से जिया जाता है—सरयू भैया इसका प्रमाण है।

शब्द चयन में बेनीपुरी जी ने सरस प्रवाहमयी परिस्थिति और पात्र के अनुकूल शब्दावली का प्रयोग किया है। वे शब्दों के जादूगर हैं। सरयू भैया की भाषा इसका प्रमाण है। प्रस्तुत रेखाचित्र की वैयक्तिक शैली अत्यंत स्पष्ट है। बेनीपुरी जी सुबोधता, सादगी और एक प्रकार की क्रमशीलता में विश्वास रखते हैं। अनावश्यक सूचनाएँ और विवरण देने के स्थान पर वे संयमशीलता को अपनाते दिखाई देते हैं। इसमें संयम का निर्वाह उन्होंने प्रस्तुत रेखाचित्र में भी किया है। उनकी शैली वैयक्तिक विशेषताओं से युक्त भी है, किंतु उसकी निजता ने उनके जीवन और जगत् के प्रति गहन एवं व्यापक दृष्टिकोण पर हावी होने की कोशिश नहीं की। रेखाचित्र में सर्वत्र एक आंतरिक अन्विति के दर्शन भी होते हैं और शैली और उद्देश्योन्मुखता का अद्‌भुत सामंजस्य भी दिखाई देता है।

सरयू भैया

सरयू भैया नहीं, सरजू मैया। यह हमारे गाँवों की विशेषता है कि कभी-कभी मर्द गंगा, यमुना या सरयू हो जाते हैं। इस बारे में औरतें ही सौभाग्यशालिनी हैं, प्रायः उनके नामों में ऐसे अनर्थ नहीं होते!

हाँ, तो सरयू भैया! मेरे घर से सटा हुआ जो एक घर है—एक तरफ दो खपड़ैल मकान, एक तरफ मिट्टी की दीवार पर फूस के छप्पर, एक तरफ टट्टी के दो झोंपड़े, एक तरफ मकान नहीं, सिर्फ टट्टी खड़ा कर छोटा-सा आँगन निकला हुआ—उसी घर के सौभाग्यशाली मालिक हैं हमारे सरजू भैया। सरजू भैया का कोई छोटा भाई नहीं रहा और मैंने प्रथम संतान के रूप में ही अपनी माँ की गोद भरी; अतः हम दोनों ने परस्पर एक नाता जोड़ लिया है। वह मेरे बड़े भाई हैं, मैं उनका छोटा भाई।

गाँव के सबसे लंबे और दुबले आदमियों में सरजू भैया की गिनती हो सकती है। रंग साँवला, बगुले-सी बड़ी-बड़ी टाँगें, चिपांजी की तरह बड़ी-बड़ी बाँहें। कमर में धोती पहने, कंधे पर अँगौछी डाले, जब वह खड़े होते हैं, आप उसकी पसलियों की हड्डियाँ गिन लीजिए। नाक खड़ी, लंबी। भवें सघन। बड़ी-बड़ी आँखें कोटरों में धँसीं। गाल चिपके। अंग-अंग की शिराएँ उभड़ीं—कभी-कभी मालूम होता, मानो ये नसें नहीं

उनके शरीर को किसी ने पतली डोरों से पकड़ रखा है।

ऊपर की तस्वीर निःसंदेह किसी भुखमरे, मनहूस आदमी की मालूम होती है। किंतु क्या बात ऐसी है? सरजू भैया मेरे गाँव के चंद जिंदादिल लोगों में से एक हैं। मिलनसार, मजाकिया और हँसोड़। वह दिल खोलकर जब हँसते हैं—शरीर-भर में जो सबसे छोटी चीजें उन्हें मिली हैं—वे उनके पंक्तिबद्ध छोटे-छोटे दाँत, तब बेतहाशा चमक पड़ते हैं, अंग-अंग हिलने-डुलने लगते हैं—जैसे हर अंग हँस रहा हो। और, सरजू भैया के पास इतनी संपत्ति है कि वह खुद या अपने परिवार के ही पेट नहीं भर सकते, आगत-अतिथियों की सेवा-पूजा भी मजे में कर सकते हैं।

तो फिर यह हड्डियों का ढाँचा क्यों? जवाब में एक पुरानी कहावत पेश करूँगा—काजी जी दुबले क्यों? शहर के अंदेश से।

हाँ, सरजू भैया की यह जो हालत है, वह अपने कारण नहीं, दूसरे के चलते। पराये उपकार के चलते उन्होंने न सिर्फ अपना शरीर सुखा लिया है, बल्कि अपनी संपत्ति की भी कुछ कम हानि नहीं की है।

उनके पिता, जो गुमाश्ता जी कहलाते थे, मेरे गाँव के अच्छे किसानों में से थे। चौपाल, साफ-सुंदर उनका मकान और अच्छा-खासा बैठकखाना था, वहाँ आज सरजू भैया की राममँड़ैया है। खेतीबारी तो थी ही, रुपए और गल्ले का अच्छा लेन-देन था। परिवार भी बड़ा और खर्चीला नहीं था। लेकिन उनके मरते ही सरजू भैया ने लेन-देन चौपट किया, बाढ़ ने खेती बर्बाद की और भूकंप ने घर का सत्यानाश किया। उनका लेन-देन इतना अच्छा था कि वह शायद खेती को भी सँभाल देता, घर भी खड़ा कर सकता। किंतु, सरजू भैया और लेन-देन?

लेन-देन, जिसे नग्न शब्दों में सूदखोरी कहिए, चाहता है, आदमी-आदमीपन को खो देता है, वह जोंक खटमल नहीं, चीलर बन जाए। काली जोंक और लाल खटमल का स्वतंत्र अस्तित्व है। हम उनका खून चूसना महसूस करते हैं, हम उसमें अपना खून प्रत्यक्ष पाते और देखे हैं। लेकिन, चीलर? गंदे कपड़े में उन्हीं-सा काला-कुचैला रंग लिए

वह चुपचाप पड़ा रहता है और हमारे खून को यों धीरे-धीरे चूसता है और तुरंत उसे अपने रंग में बदल देता है कि उसका चूसना हम जल्द अनुभव नहीं कर पाते और अनुभव करते भी हैं, तो जरा-सी सुगबुगी या ज्यादा-से-ज्यादा चुनचुनी मात्र। और अनुभव करके भी उसे पकड़ लाने के लिए तो कोई खुर्दबीन ही चाहिए।

सरजू भैया चीलर नहीं थे। उनके इस लंबे शरीर में जो हृदय मिला है, वह शरीर के ही परिणाम से। जो भी दुखिया आया, अपनी विपदा बताई, उसे देवता-सा दे दिया और वसूलने के समय जब वह आँखों से आँसू लाकर गिड़गिड़ाया तो देवता ही की तरह पसीज गए। सूद कौन कहे, कुछ ही दिनों में मूलधन भी शून्य में परिणत हो गया। उलटे अब वह खुद हाथ-हथ फेर में व्यस्त रहते हैं।

बाढ़ और भूकंप ने उनके खेत और घर को बर्बाद किया जरूर; लेकिन सरयू भैया, मेरा यकीन है, आज भी फटेहाली से बहुत-कुछ बचे रहते, यदि लेन-देन के बाद भी वह इन दोनों तरफ ही पूरा ध्यान दिए होते। यह नहीं कि वह जी चुराने वाले या आलसी और बोदा गृहस्थ हैं। नहीं, ठीक इसके खिलाफ–चतुर, फुर्तीला और काम-काजू आदमी है। लेकिन करें तो क्या? उन्हें दूसरे के काम से ही कहाँ फुर्सत मिलती है।

गंगोभाई के घर में बच्चा बीमार है, वैद को बुलाने कौन जाएगा; सरजू भैया! हिरदे को बाजार से कोई सौदा-सुलफ लाना है, वह किसे भेजे; सरजू भैया को! खबर आई, राजकुमार के मामाजी अपने गाँव में सख्त बीमार हैं, उनकी खोज-खबर कौन लाए, सरजू भैया से बढ़कर कौन दूसरा धावन होगा। परमेसर को एक रजिस्टरी करनी है, शिनाख्त कौन करेगा, सरजू भैया! किसी के घर में शादी-ब्याह यज्ञ-जाप हो; और सरजू भैया अस्त-व्यस्त। किसी की मौत हो जाने पर, यदि वह अँधेरी रात में हो, तो निश्चित ही उसका कफन खरीदने का जिम्मा सरजू भैया पर रहेगा। यों गाँव भर के लोगों का बोझ अपने सिर पर लेकर सरजू

भैया ने न अपने खेत और घर को मटियामेट किया है, बल्कि इस उम्र में अपनी कमर भी झुका ली है। दिन हो या रात, चिलचिलाती दुपहरिया हो या अँधेरी अधरतिया, सरजू भैया के सेवा-सदन का दरवाजा हमेशा खुला रहता है। विक्टर ह्यूगो ने अपनी अमर कृति 'ला मिजरेब्ल' में कहा है—डॉक्टर का दरवाजा कभी बंद नहीं रहना चाहिए और पादरी का फाटक हमेशा खुला होना चाहिए—सरजू भैया को निस्संदेह इन दोनों का रुतबा अकेले हासिल है।

मेरे क्षुद्र विचार से सरजू भैया का व्यक्तित्व अनुकरणीय, अनुसरणीय ही नहीं वंदनीय, पूजनीय है; जब-जब उन्हें देखता हूँ, मेरा 'ज्ञानी' मस्तक आप-से-आप उनके चरणों में झुक जाता है। लेकिन, मेरे मन में सबसे बड़ी चोट लगती है तब, जब देखता हूँ, इस नर-रत्न की कद्र कहाँ तक होगी, बहुत-से लोग इन्हें सधुवा समझकर ठगने की चेष्टा करते हैं। यदि यही बात होती, तो भी बर्दाश्त की जा सकती, लेकिन यही नहीं इन्हें जब-तब झंझटों में डालने की कोशिशें होती हैं और यदि अकस्मात् झंझट में पड़ जाते हैं, तो उससे निकालने की क्या बात, इनके 'तड़पने का तमाशा' देखने में लोग मजा अनुभव करते हैं।

अभी थोड़े दिनों की बात है। एक दिन सरजू भैया मेरे सामने आकर खड़े हुए। मैं कुछ पढ़ रहा था। सिर नीचा किए ही कहा, बैठिए भैया। किंतु भैया बैठेंगे क्या, उनकी तो घिग्घी बँधी है और आँखों में आँसू बह रहे हैं। दुबारा कहने पर भी जब नहीं बैठे तो उनकी ओर नजर उठाई। उनका चेहरा देख दंग रहा! मैं सन्न! क्या बात है यह? बहुत आश्वासन और आग्रह पर उनकी जीभ हिली। मालूम हुआ, उनके घर में एक छोटी-सी घटना हो गई है, जैसी घटनाएँ अपने ही गाँव में मैंने कई बार होते देखी हैं। लेकिन किसी ने उस ओर ध्यान नहीं दिया; यदि जरूरत हुई तो उन्हें सुलझा दिया और यदि किसी ने उसे बढ़ाना चाहा, तो लोगों ने उसको डाँट दिया। क्यों? क्योंकि वे घटनाएँ ऐसे घरों में हुई थीं, जिनके पास न सिर्फ लक्ष्मी बल्कि दुर्गा भी हैं—पैसे

भी और लाठी भी। लेकिन सरजू भैया ने तो लोगों के लिए ही अपनी यह हालत कर रखी है। न वह किसी पर धन का धौंस जमा सकते हैं न डंडे फटकार सकते हैं। फिर क्यों न उन्हें तड़पाया जाए रुलाया जाए? मैंने उन्हें आश्वासन दिया, उन्हें धैर्य हुआ, वह चले गए, लेकिन रात-भर लोगों की इस कृतघ्नता ने मुझे चैन से सोने न दिया।

सिधुआपन से ठगे जाने की एक कहानी। बहुत दिन हुए, मैं किसी जरूरत में था और कुछ रुपए के लिए परेशान था। सरजू भैया के पास कुछ रुपए थे। मेरी बेचैनी वह कैसे देखते? वह रुपए ले आए! मैंने खर्च कर दिए, लेकिन, आज तक दे नहीं सका। रुपए तो आए, लेकिन एक आया, दो का खर्च लेकर। सरजू भैया माँगने का हाल क्या जानें? मैं भी समझता रहा उनके रुपए कहाँ जाते हैं, जरूरत होगी, माँगेंगे, दे दूँगा। लेकिन अभी उस दिन जो बात उन्होंने सुनाई, मैं हक्का-बक्का रह गया।

इसी बीच में उन्हें रुपए की जरूरत हुई, लेकिन संकोचवश मुझसे नहीं माँगा। एक सूदखोर महाजन के पास गए, जो पहले उन्हीं से कर्ज खाता था; लेकिन, तरह-तरह के कारनामों से अब धन्नासेठ बन चुका है। उसने झट उन्हें रुपए दे दिए, लेकिन जब चलने लगा, कहा—आपके पास रुपए जाएँगे कहाँ—लेकिन कोई सबूत तो चाहिए ही। क्या सबूत? मैं तैयार हूँ—सरजू भैया रुपए बाँध चुके थे, न उनसे खोलकर लौटाया जा सकता था और न वह उसकी माँग को नामंजूर कर सकते थे। नहीं, कुछ नहीं कागज पर सिर्फ निशान बना दीजिए, आपसे बाजाब्ता हैंडनोट क्या कराया जाय? और, सरजू भैया ने बमभोला की तरह कजरौटे में अँगूठा बोर कर कागज पर चिपका दिया। मानो, किसी आधुनिक अंटोनियो ने किसी कलजुगी शाइलौक के हाथ में अपने को गिरवी कर दिया।

अब वह कहता है—जल्द रुपए दे दो, नहीं तो मैं नालिश कर दूँगा और नालिश कितने की करेगा, कौन ठिकाना—सरजू भैया बेचारगी

में बोल रहे थे और मैं उनका मुँह आश्चर्य से देख रहा था। आपने ऐसी गलती क्यों कर दी?—लेकिन, इसके अलावा इसका जवाब वह क्या दे सकते थे कि क्या करूँ रुपए बाँध चुका था।

सरजू भैया के पाँच संतानें हुईं, लेकिन बेटियाँ-ही-बेटियाँ। उनकी धर्मपत्नी, जो लंबाई में ठीक उनके विपरीत, बहुत ही बौनी होने पर भी बहुत गुणों में उनकी तरह थी, हाल ही में बेटा पाने का अरमान लिए मरी है। कह नहीं सकता इस अरमान ने सरजू भैया को ज्यादा चिंतित किया है या नहीं। वे बेटियों पर बहुत ही स्नेह रखते हैं और मेरे घर में जो लड़के—मेरे बेटे-भतीजे हैं, उनका बचपन तो ज्यादातर उन्हीं के कंधों पर कटा है लेकिन बेटियाँ तो अपनी-अपनी ससुराल जा बसेंगी। क्या सरजू भैया का यह पुश्तैनी घर खँडहर बनेगा? क्या सरजू भैया की कोई निशानी हमारे पड़ोस को गुलजार न कर सकेगी? यह कल्पना करते ही हमारे परिवार-भर में अजीब उदासी छा जाती है। उनकी पत्नी की मृत्यु के बाद मैंने अपनी मौसी को कहते सुना—सरजू बबुआ की उमिर ही कितनी है? यही, मेरे बबुआ से चार बरस बड़े हैं। फिर वह शादी न करें, क्या वंश डुबा देंगे? और उस दिन देखा मेरी ढीठ रानी सरजू भैया से झगड़ रही है—नहीं आपको शादी करनी ही पड़ेगी।

—मैं शादी करूँ, जिसमें शर्माजी को (मुझे) नई भौजाई से दिन-रात चुहलें करने का मजा मिले, क्यों है?

मुझे देखते ही सरजू भैया बोले और ठठाकर हँस पड़े। रानी थोड़ी सकुची, फिर हँस पड़ी। मैं दोनों को देखता, चुपचाप मुस्कुराता रहा।

हरिशंकर परसाई

हरिशंकर परसाई का जन्म मध्य प्रदेश के इटारसी के पास जमानी नामक स्थान पर 22 अगस्त, 1924 ई. को हुआ। नागपुर विश्वविद्यालय से इन्होंने हिंदी में एम.ए. किया। कुछ वर्षों तक इन्होंने अध्यापन कार्य किया किंतु लेखन के प्रति विशेष लगाव के कारण अध्यापन कार्य को छोड़कर पूर्णतया साहित्य सेवा में संलग्न हो गए। जबलपुर से इन्होंने 'वसुधा' नामक साहित्यिक पत्रिका का संपादन और प्रकाशन शुरू किया, कुछ वर्षों बाद आर्थिक कारणों से यह पत्रिका बंद हो गई। इनकी बहुमुखी प्रतिभा निबंध तथा काव्य सृजन में दिखाई देती है। इनकी प्रमुख रचनाएँ–

निबंध संग्रह–'तब बात और थी', 'भूत के पाँव पीछे की ओर' 'बेईमानी की परत', 'पगडंडियों का जमाना', 'सदाचार का तावीज़', 'शिकायत मुझे भी है'।

उपन्यास–'रानी केतकी की कहानी', 'तट की खोज।'

कहानी संग्रह–'हँसते हैं, रोते हैं', 'जैसे उनके दिन फिरे'।

परसाई स्वतंत्र निबंध लेखक हैं, उनकी स्वतंत्र लेखनी उनके अनुभवों की उपज है। जीवन को देखने की उनकी अपनी दृष्टि है। उन्हें जो भी बनावटी और अनुचित दिखता है वे उस बनावटीपन पर जमकर प्रहार करते हैं।

परसाई जी अपनी रचनाओं में व्यक्ति और समाज की दुर्बलताओं पर गहरी चोट करते हैं। इनका व्यंग्य व्यक्तिगत राग-द्वेष या सस्ते मनोरंजन तक सीमित नहीं रहता। परसाई जी का तीक्ष्ण व्यंग्य समाज में फैली विसंगतियों तथा विकृतियों से रू-ब-रू कराता है। आवश्यकतानुसार हास्य-विनोद, तथा प्रतीक आदि का सही प्रयोग कर कथ्य को चुटीला और मार्मिक बनाने की कला में परसाई जी सिद्धहस्त हैं। विसंगतियों के साथ ये कहीं भी समझौता नहीं करते। आम आदमी की दुर्दशा, उसके लिए जिम्मेदार राजनीति, पुलिस का आतंक व सामाजिक-आर्थिक विषमताओं पर परसाई जी तीखा प्रहार करते हैं। इनका समूचा लेखन सोद्देश्य है और मनुष्य को सतर्क करने का प्रयास है। परसाई के व्यंग्य स्थितियों से छेड़छाड़ नहीं करते, स्थितियों की समीक्षा करते हैं।

सदाचार का तावीज़ व्यंग्यात्मक लेख है, जिसमें लेखक ने भ्रष्टाचार की व्याप्ति और उसके उन्मूलन के उपाय के साथ-साथ सामान्य जनता की रोज़मर्रा की ज़रूरतों की पूर्ति में आने वाली कठिनाइयों को व्यंग्य शैली में अंकित किया गया है। इस व्यंग्य के माध्यम से लेखक कटु-सत्य को उजागर करते हैं कि रिश्वतखोरी, भ्रष्टाचार, बेईमानी ऐसी समस्याएँ हैं, जिनकी जड़ें बहुत गहरे हमारे समाज में धँसी हुई हैं। व्यंग्य विधा का संबंध सीधे-सीधे समाज से है परंतु उसका फलक अन्य विधाओं में भिन्न है। व्यंग्य मनुष्य की कथनी और करनी के अंतर को विषय बना कर समाज के समक्ष उजागर करता है। आचार्य विश्वनाथ त्रिपाठी के अनुसार व्यंग्य 'भाषा की लपट' कहा जा सकता है।

परसाई जी के व्यंग्यों में वार्तालाप शैली का प्रयोग मिलता है। रचनाओं में ये ऐसे उपमानों का प्रयोग करते हैं, जिससे व्यंग्य की शक्ति कई गुना बढ़ जाती है। इनकी दृष्टि में व्यंग्य-लेखन निर्मम तथा मनुष्य-विरोधी हो कर नहीं जी सकता वरन् वह जीवन की कमजोरियों का निदान प्रस्तुत करने के लिए ही कठोर रुख अपनाता है। परसाई के व्यंग्य को पढ़कर जो तिलमिलाहट होती है, वह हमें समस्त संस्कृति

व सभ्यता के बारे में सोचने के लिए बाध्य कर देती है। इनका व्यंग्य मनोरंजन से अधिक पाठकों के मन पर दुख की अमिट छाप छोड़ जाता है। इनका व्यंग्य आज की भारतीय मानसिकता का पर्याय है। इनके कथन में विविधता है तो शिल्पगत रचाव भी। इनके व्यंग्यों की विचार-भूमि प्रामाणिक और व्यापक है। बौद्धिक और मानसिक दृष्टि से इनमें एक प्रौढ़ता है। इन्हें भाषा की सही पहचान है। शब्दों का भावोचित विन्यास कथ्य को पाठकों के मानस में सीधे उतार देता है। व्यंग्य में नए शब्द गढ़ना हरिशंकर परसाई की भाषा का वैशिष्ट्य है। लाक्षणिकता भाषा के स्वरूप को निखारती जान पड़ती है।

सदाचार का तावीज़

एक राज्य में हल्ला मचा कि भ्रष्टाचार बहुत फैल गया है।

राजा ने एक दिन दरबारियों से कहा—"प्रजा बहुत हल्ला मचा रही है कि सब जगह भ्रष्टाचार फैला हुआ है। हमें तो आज तक कहीं नहीं दिखा। तुम लोगों को कहीं दिखा हो तो बताओ।"

दरबारियों ने कहा—"जब हुजूर को नहीं दिखा तो हमें कैसे दिख सकता है?"

राजा ने कहा—"नहीं, ऐसा नहीं है। कभी-कभी जो मुझे नहीं दिखता वह तुम्हें दिखता होगा। जैसे मुझे बुरे सपने कभी नहीं दिखते पर तुम्हें तो दिखते होंगे।"

दरबारियों ने कहा—"जी, दिखते हैं। पर वह सपनों की बात है।"

राजा ने कहा—"फिर भी तुम लोग सारे राज्य में ढूँढ़कर देखो कि कहीं भ्रष्टाचार तो नहीं है। अगर कहीं मिल जाए तो हमारे देखने के लिए नमूना लेते आना। हम भी तो देखें कि कैसा होता है।"

एक दरबारी ने कहा—"हुजूर, वह हमें नहीं दिखेगा। सुना है, वह बहुत बारीक होता है। हमारी आँखें आपकी विराटता देखने की इतनी आदी हो गयी हैं कि हमें बारीक चीज नहीं दिखती। हमें भ्रष्टाचार दिखा भी तो उसमें हमें आपकी ही छवि दिखेगी क्योंकि हमारी आँखों

में तो आपकी ही सूरत बसी है। पर अपने राज्य में एक जाति रहती है जिसे 'विशेषज्ञ' कहते हैं। इस जाति के पास कुछ ऐसा अंजन होता है कि उसे आँखों में आँजकर वे बारीक से बारीक चीज भी देख लेते हैं। मेरा निवेदन है कि इन विशेषज्ञों को ही हुजूर भ्रष्टाचार ढूँढ़ने का काम सौंपें।''

राजा ने 'विशेषज्ञ' जाति के पाँच आदमी बुलाए और कहा—''सुना है, हमारे राज्य में भ्रष्टाचार है। पर वह कहाँ है, यह पता नहीं चलता। तुम लोग उसका पता लगाओ। अगर मिल जाय तो पकड़कर हमारे पास ले आना। अगर बहुत हो तो नमूने के लिए थोड़ा-सा ले आना।''

विशेषज्ञों ने उसी दिन से छान-बीन शुरू कर दी।

दो महीने बाद वे फिर से दरबार में हाजिर हुए।

राजा ने पूछा—''विशेषज्ञो, तुम्हारी जाँच पूरी हो गयी।''

''जी, सरकार।''

''क्या तुम्हें भ्रष्टाचार मिला?''

''जी, बहुत-सा मिला।''

राजा ने हाथ बढ़ाया—''लाओ मुझे बताओ, देखूँ कैसा होता है।''

विशेषज्ञों ने कहा—''हुजूर, वह हाथ की पकड़ में नहीं आता। वह स्थूल नहीं, सूक्ष्म है, अगोचर है। पर वह सर्वत्र व्याप्त है। उसे देखा नहीं जा सकता, अनुभव किया जा सकता है।''

राजा सोच में पड़ गये। बोले, ''विशेषज्ञो, तुम कहते हो कि वह सूक्ष्म है, अगोचर है और सर्वव्यापी है। ये गुण तो ईश्वर के हैं। तो क्या भ्रष्टाचार ईश्वर है?''

विशेषज्ञों ने कहा—''हाँ, महाराज, अब भ्रष्टाचार ईश्वर हो गया है।''

एक दरबारी ने पूछा—''पर वह है कहाँ? कैसे अनुभव होता है?''

विशेषज्ञों ने जवाब दिया—''वह सर्वत्र है। वह इस भवन में है। वह महाराजा के सिंहासन में है।''

“सिंहासन में है?”—कहकर राजा साहब उछलकर दूर खड़े हो गए।

विशेषज्ञों ने कहा—“हाँ, सरकार, सिंहासन में है। पिछले माह इस सिंहासन पर रंग करने के जिस बिल का भुगतान किया है, वह बिल झूठा है। वह वास्तव में दुगुने दाम का है। आधा पैसा बीच वाले खा गए। आपके पूरे शासन में भ्रष्टाचार है और वह मुख्यतः घूस के रूप में है।”

विशेषज्ञों की बात सुनकर राजा चिंतित हुए और दरबारियों के कान खड़े हुए।

राजा के कहा—“यह तो बड़ी चिंता की बात है। हम भ्रष्टाचार बिलकुल मिटाना चाहते हैं। विशेषज्ञो, तुम बता सकते हो कि वह कैसे मिट सकता है।”

विशेषज्ञों ने कहा—“हाँ, महाराज, हमने उसकी भी योजना तैयार की है। भ्रष्टाचार मिटाने के लिए महाराज को व्यवस्था में बहुत परिवर्तन करने होंगे। एक तो भ्रष्टाचार के मौके मिटाने होंगे। जैसे ठेका है तो ठेकेदार है। और ठेकेदार है तो अधिकारियों को घूस है। ठेका मिट जाए तो उसकी घूस मिट जाए। इसी तरह और बहुत-सी चीज हैं। किन कारणों से आदमी घूस लेता है, यह भी विचारणीय है।”

राजा ने कहा—“अच्छा तुम अपनी पूरी योजना रख जाओ। हम और हमारा दरबार उस पर विचार करेंगे।”

विशेषज्ञ चले गए।

राजा ने और दरबारियों ने भ्रष्टाचार मिटाने की योजना को पढ़ा। उस पर विचार किया।

विचार करते दिन बीतने लगे और राजा का स्वास्थ्य बिगड़ने लगा।

एक दिन एक दरबारी ने कहा—“महाराज, चिंता के कारण आपका स्वास्थ्य बिगड़ता जा रहा है। उन विशेषज्ञों ने आपको झंझट में डाल दिया।”

राजा ने कहा—"हाँ, मुझे रात को नींद नहीं आती।"

दूसरा दरबारी बोला—"ऐसी रिपोर्ट को आग के हवाले कर देना चाहिए जिससे महाराज की नींद में खलल पड़े।"

राजा ने कहा—"पर करें क्या? तुम लोगों ने भी भ्रष्टाचार मिटाने की योजना का अध्ययन किया है। तुम्हारा क्या मत है? क्या उसे काम में लाना चाहिए?"

दरबारियों ने कहा—"महाराज, वह योजना क्या है, एक मुसीबत है। उसके अनुसार कितने उलट-फेर करने पड़ेंगे! कितनी परेशानी होगी! सारी व्यवस्था उलट-पलट हो जाएगी। जो चला आ रहा है, उसे बदलने से नयी-नयी कहानियाँ पैदा हो सकती हैं। हमें तो कोई ऐसी तरकीब चाहिए जिससे बिना कुछ उलट-फेर किए भ्रष्टाचार मिट जाए।"

राजा साहब बोले—"मैं भी यही चाहता हूँ। पर यह हो कैसे? हमारे प्रपितामह को तो जादू आता था; हमें वह भी नहीं आता। तुम लोग ही कोई उपाय खोजो।"

एक दिन दरबारियों ने राजा के सामने एक साधु को पेश किया और कहा—"महाराज, एक कंदरा में तपस्या करते हुए इस महान् साधक को हम ले आए हैं। इन्होंने सदाचार का तावीज़ बनाया है। वह मंत्रों से सिद्ध है और उसके बाँधने से आदमी एकदम सदाचारी हो जाता है।"

साधु ने अपने झोले में-से एक तावीज़ निकाल कर राजा को दिया। राजा ने उसे देखा। बोले—"हे साधु इस तावीज़ के विषय में मुझे विस्तार से बताओ। इससे आदमी सदाचारी कैसे हो जाता है।"

साधु ने समझाया—"महाराज, भ्रष्टाचार और सदाचार मनुष्य की आत्मा में होता है; बाहर से नहीं होता। विधाता जब मनुष्य को बनाता है तब किसी की आत्मा में ईमान की कल फिट कर देता है और किसी की आत्मा में बेईमानी की। इस कल में से ईमान या बेईमानी के स्वर निकलते हैं जिन्हें 'आत्मा की पुकार' कहते हैं। आत्मा की पुकार के

अनुसार ही आदमी काम करता है। प्रश्न यह है कि जिनकी आत्मा से बेईमानी के स्वर निकलते हैं, उन्हें दबाकर ईमान के स्वर कैसे निकाले जाएँ? मैं कई वर्षों से इसी के चिंतन में लगा हूँ। अभी मैंने यह सदाचार का तावीज़ बनाया है। जिस आदमी की भुजा पर यह बँधा होगा, वह सदाचारी हो जाएगा। मैंने कुत्ते पर भी प्रयोग किया है। यह तावीज़ गले में बाँध लेने से कुत्ता भी रोटी नहीं चुराता। बात यह है कि इस तावीज़ में से भी सदाचार के स्वर निकलते हैं। जब किसी की आत्मा बेईमानी के स्वर निकालने लगती है तब इस तावीज़ की शक्ति आत्मा का गला घोंट देती है और आदमी को तावीज़ से ईमान के स्वर सुनाई पड़ते हैं। वह इन स्वरों को आत्मा की पुकार समझकर सदाचार की ओर प्रेरित होता है। यही इस तावीज़ का गुण है, महाराज।''

दरबार में हलचल मच गयी। दरबारी उठ-उठकर तावीज़ को देखने लगे।

राजा ने खुश होकर कहा—''मुझे नहीं मालूम था कि मेरे राज्य में ऐसे चमत्कारी साधु भी हैं। महात्मन्, हम आपके बहुत आभारी हैं। आपने हमारा संकट हर लिया। हम सर्वव्यापी भ्रष्टाचार से बहुत परेशान थे। मगर हमें लाखों नहीं, करोड़ों तावीज़ चाहिए। हम राज्य की ओर से तावीज़ों का कारखाना खोल देते हैं। आप उसके जनरल मैनेजर बन जाएँ और अपनी देख-रेख में बढ़िया तावीज़ बनवाएँ।''

एक मंत्री ने कहा—''महाराज, राज्य क्यों झंझट में पड़े? मेरा तो निवेदन है कि साधु बाबा को ठेका दे दिया जाए। वे अपनी मंडली से तावीज़ बनवाकर राज्य को सप्लाई कर देंगे।''

राजा को यह सुझाव पसंद आया। साधु को तावीज़ बनाने का ठेका दे दिया गया। उसी समय उन्हें पाँच करोड़ रुपए कारखाना खोलने के लिए पेशगी मिल गए।

राज्यों के अखबारों में खबरें छपीं—'सदाचार के तावीज़ की खोज!' 'तावीज़ बनाने का कारखाना खुला!'

लाखों तावीज़ बन गए। सरकार के हर सरकारी कर्मचारी की भुजा पर एक-एक तावीज़ बाँध दिया गया।

भ्रष्टाचार की समस्या का ऐसा सरल हल निकल आने से राजा और दरबारी सब खुश थे।

एक दिन राजा की उत्सुकता जागी। सोचा—"देखें तो कि यह तावीज़ कैसे काम करता है।"

वह वेश बदलकर एक कार्यालय गए। उस दिन 2 तारीख थी। एक दिन पहले तनख्वाह मिली थी।

वह एक कर्मचारी के पास गए और कई काम बताकर उसे पाँच रुपए का नोट देने लगे।

कर्मचारी ने उन्हें डाँटा—"भाग जाओ यहाँ से! घूस लेना पाप है!"

राजा बहुत खुश हुए। तावीज़ ने कर्मचारी को ईमानदार बना दिया था।

कुछ दिन बाद वह फिर वेश बदलकर उसी कर्मचारी के पास गए। उस दिन इकतीस तारीख थी—महीने का आखिरी दिन।

राजा ने फिर उसे पाँच का नोट दिखाया और उसने लेकर जेब में रख लिया।

राजा ने उसका हाथ पकड़ लिया। बोले—"मैं तुम्हारा राजा हूँ। क्या तुम आज सदाचार का तावीज़ बाँधकर नहीं आए?"

"बाँधा है, सरकार यह देखिए।"

उसने आस्तीन चढ़ाकर तावीज़ दिखा दिया।

राजा असमंजस में पड़ गए। फिर ऐसा कैसे हो गया?

उन्होंने तावीज़ पर कान लगाकर सुना। तावीज़ में से स्वर निकल रहे थे—"अरे, आज तो इकतीस है। आज तो ले ले?"

मोहन राकेश

मोहन राकेश प्रसिद्ध नाटककार और कथाकार हैं। आधुनिक हिंदी गद्य साहित्य के विकास में मोहन राकेश का विशेष योगदान रहा है। उनका जन्म अमृतसर (पंजाब) में सन् 1925 ई. को हुआ था। 1947 ई. में विभाजन के बाद वे जालंधर आकर बसे। कुछ वर्ष वे अध्यापक रहे और फिर पत्रकार। 1962-63 ई. में वे 'सारिका' के संपादक रहे। 1962 ई. से वे स्वतंत्र लेखन द्वारा हिंदी उपन्यास, कहानी, नाटक और निबंध साहित्य के विकास में अपना महत्त्वपूर्ण योगदान देते रहे। नाटक और कहानी के क्षेत्र में राकेश का योगदान इतिहास में वर्णित है। उनके यात्रा वर्णन 'आखिरी चट्टान तक' में संकलित हैं। 'अँधेरे बन्द कमरे', 'न आने वाला कल' उनके प्रसिद्ध उपन्यास हैं। 'आधे अधूरे', 'लहरों के राजहंस' तथा 'आषाढ़ का एक दिन' मोहन राकेश के प्रसिद्ध नाटक हैं। उन्हें लेखन के क्षेत्र में उच्च आसन पर प्रतिष्ठित करने का प्रथम श्रेय उनके नाटकों को दिया जाता है। उन्हें आधुनिक हिंदी नाटकों का मसीहा कहा गया है। जीवनी विधा में भी राकेश जी ने नया कीर्तिमान स्थापित किया है। उनकी रचनाओं में आधुनिकतम चुनौतियों से पैदा होने वाले अंतर्द्वंद्वों और यंत्रणाओं की सूक्ष्म अभिव्यक्ति हुई है। इनका कला साहित्य जीवन की निचली से निचली परत तक उघाड़ने में समर्थ है। कथ्य और शिल्प दोनों भूमिकाओं पर इनकी शैली कलागत ऊँचाइयों

का आभास कराती है। उनका साहित्य बीसवीं सदी के उत्तरार्द्ध के जीवन और साहित्य का प्रामाणिक दस्तावेज है। मोहन राकेश जी के शब्दों में दोहराएँ तो—''लेखक का वास्तविक कमिटमेंट किसी विशेष विचारधारा से न होकर, अपने समय से और समय के जीवन से होता है।'' इनका निधन सन् 1972 ई. को हुआ।

जीवनी विधा का केंद्र मनुष्य होता है। किसी व्यक्ति के जीवन, उसके क्रियाकलाप, उसकी धुरी होते हैं। मनुष्य एक सक्रिय शक्ति है। जीवनी में रचनाकार को विवेच्यपुरुष के जीवन की ऊँचाइयों तक उठना होता है और उसकी गहराइयों में डूबना भी। व्यक्ति के जीवन में ऐतिहासिक तथ्यों को भी जीवनी में शामिल किया जाता है। जीवनी विधा में रचना पर कम ध्यान देकर तथ्यों पर विशेष जोर दिया जाता है। जीवनी की ये सभी विशेषताएँ 'स्वामी दयानंद में दिखाई देती हैं।

स्वामी दयानंद राकेश जी की पुस्तक 'समय सारथी' से उद्धृत जीवनी है। इसमें अत्यंत सरल भाषा में पुरानी जर्जर रूढ़ियों को ध्वस्त करके धर्म के मूल स्वरूप को स्थापित करने वाले स्वामी दयानंद के जीवन पर प्रकाश डाला गया है।

स्वामी दयानंद की विचारधारा अनेकशः गतिशील होकर आधुनिक समाज की मूल चेतना बनी। उनकी आत्म गाथा में सत्य और एकता का बीज दृष्टिगत होता है। स्वामी दयानंद का जीवन संघर्ष आधुनिक पीढ़ी के लिए निश्चित रूप से प्रेरणा का कार्य करेगा।

स्वामी दयानंद के माध्यम से लेखक ने भारत की आत्म गाथा को सत्य और एकता की मणिमाला में पिरोकर प्रस्तुत किया है। तात्कालिक रूढ़िवादी समाज में ज्ञान का प्रचार-प्रसार करने वाले स्वामी दयानंद के माध्यम से लेखक इस बात पर बल देते हैं कि मनुष्य जन्म से नहीं बल्कि कर्म से श्रेष्ठ होता है। हमारी प्राचीन परंपराएँ भी उतनी ही श्रेष्ठ हैं जितनी हमारी आधुनिकता। मुक्ति और जीवन शैली में सत्यता एवं पवित्रता का धारण ही आधुनिकता का सार्थक उपयोग है।

स्वामी दयानंद

काठियावाड़ का एक छोटा-सा गाँव—टंकारा। इसी गाँव में एक संपन्न भूमिपति थे—अंबाशंकर। वे धार्मिक व्यक्ति थे और पौराणिक रीतियों में बहुत विश्वास रखते थे। सारे विधि-विधानों का पालन बहुत नियमपूर्वक किया करते थे। उनके यहाँ एक बालक ने जन्म लिया जिसका नाम रखा गया मूलशंकर। पिता की कामना थी कि बालक की शिक्षा ऐसी हो जिससे बड़ा होकर वह घर की परंपरा बनाए रखे।

मूलशंकर चौदह वर्ष के थे जब पिता ने इनसे शिवरात्रि का व्रत रखने के लिए कहा। रात होने पर पिता पूजा-पाठ के लिए उन्हें गाँव के बाहर एक मंदिर में ले गए। पूजा का क्रम लगभग आधी रात तक चलता रहा। उसके बाद भक्तों को नींद आने लगी। परंतु मूलशंकर की आस्था गहरी थी, इसलिए ये नहीं सोए। एकटक शिव-प्रतिमा को देखते रहे। सहसा उन्होंने देखा, एक चूहा बिल से निकलकर प्रतिमा को चढ़ाई गई भोग की सामग्री खाने लगा। मूलशंकर का मन अशांत हो उठा। उन्होंने पिता को जगाकर उनसे कई प्रश्न पूछे। कोई सन्तोषजनक उत्तर नहीं मिला। उस दिन उनके जीवन की दिशा बदल गई। उन्होंने वास्तविक शिव को खोजने का संकल्प कर लिया।

कुछ समय बाद मूलशंकर की बहिन का देहांत हो गया। बहिन

से इन्हें बहुत स्नेह था, इसलिए इनके हृदय को बहुत चोट पहुँची। अभी यह चोट भरी नहीं थी कि चाचा की मृत्यु हो गयी। इनका मन घर से उचाट होने लगा। मन में तरह-तरह के प्रश्न जागने लगे—जीवन की वास्तविकता क्या है? सांसारिक स्नेह-संबंधों का क्या अर्थ है? धर्म व्यक्ति को किस प्रकार निस्तार देता है। और धर्म का वास्तविक रूप क्या है? ये हर समय खोए-खोए रहते और जब-तब अपने प्रश्नों से घर के लोगों को निरुत्तर कर देते। घर के लोगों ने सोचा कि शायद विवाह कर देने से इनकी मनःस्थिति में कुछ अंतर आ जाए। मूलशंकर ने इस स्थिति को टालने का प्रयत्न किया। परन्तु बस नहीं चला, तो किसी को सूचित किए बिना घर से निकल पड़े।

इधर-उधर घूमते हुए वे सिद्धपुर पहुँचे। सिद्धपुर में उन दिनों एक मेला चल रहा था, जिसमें दूर-दूर से साधु आए हुए थे। यह सोचकर कि शायद इसी मार्ग से शांति मिले, उन्होंने भी साधु का बाना स्वीकार कर लिया। रात-दिन साधुओं के सत्संग में सम्मिलित होते, जीवन और मृत्यु का रहस्य जानने का प्रयत्न करते। परंतु कुछ ही दिनों में उनके वहाँ होने की सूचना घर वालों को मिल गयी। पिता कई और संबंधियों को साथ लेकर सिद्धपुर पहुँचे। उन्होंने क्रोध में आकर पुत्र का कमंडल तोड़ डाला, उसके गेरुआ वस्त्र फाड़ दिए। घर लाकर उन्हें कड़ी निगरानी में रख दिया। परंतु यह नियंत्रण अधिक दिन सफल नहीं रहा। मूलशंकर किसी तरह फिर घर से निकल गए। इस बार उन्होंने निश्चय कर लिया कि कुछ भी हो, अब वे लौटकर घर नहीं आएँगे।

अब उन्हें खोज थी एक गुरु की। चामोद कर्णाली पहुँचकर वे स्वामी पूर्णानंद से मिले। उनसे संन्यास लेकर इन्होंने नया नाम अपना लिया—दयानंद। उसके बाद भ्रमण करते हुए हरिद्वार चले गए। वहाँ कुंभ मेला चल रहा था। मेले में उन्होंने धर्म के नाम पर जो कुछ होते देखा, उससे उन्हें बहुत ग्लानि हुई। मन में संकल्प जागा—इन कुरीतियों को दूर करने के लिए उन्हें अवश्य प्रयत्न करना चाहिए। परंतु इसके

लिए भी किसी का मार्ग-प्रदर्शन चाहिए। उन्होंने सुन रखा था कि गढ़वाल में अलखनंदा के पार बहुत-से योगी रहते हैं। वे वहाँ पहुँचे, पर कोई ऐसा योगी नहीं मिला जो सचमुच उन्हें दिशा दिखा सकता। वहाँ से वे गढ़मुक्तेश्वर गए। वहाँ एक दिन इन्होंने नदी में बहते एक शव को निकाल लिया। उसकी चीर-फाड़ करके देखना चाहा कि योगियों द्वारा बताए गए चक्र तथा कुंडलिनियाँ आदि उसमें हैं या नहीं? परंतु शव के अंदर जो कुछ मिला, वह सर्वथा भिन्न था।

वे कानपुर गए। प्रयाग गए। काशी गए। पर कहीं भी उन्हें अपने मन के अनुकूल गुरु नहीं मिला। फिर पता चला कि मथुरा में दंडी स्वामी बिरजानंद नाम के नेत्रहीन ब्राह्मण रहते हैं जो सचमुच उनका पथ-प्रदर्शन कर सकते हैं। वे मथुरा चले गए। स्वामी बिरजानंद से मिलकर उन्हें लगा कि सचमुच यही गुरु हैं, जिसकी उन्हें खोज थी। स्वामी बिरजानंद संस्कृत व्याकरण के पंडित थे। वेदों की उन्होंने मौलिक व्याख्या की थी। वे बहुदेवोपासना, मूर्ति-पूजा आदि को वेदों के विरुद्ध बतलाते थे। वे स्वयं एक ऐसे शिष्य की खोज में थे जो उनके विचार जन-साधारण तक पहुँचा सके। दयानंद ने उनके प्रश्नों के जो उत्तर दिए उनसे प्रसन्न होकर उन्होंने तुरंत उसे अपना शिष्य बनाना स्वीकार कर लिया।

यहाँ इनका संस्कृत व्याकरण तथा वैदिक साहित्य का अध्ययन आरंभ हुआ। स्वामी बिरजानंद जो एक बार पढ़ा देते वह दूसरी बार नहीं पढ़ाते थे। दयानंद की प्रतिभा इतनी विलक्षण थी कि इन्हें दोबारा पूछने की आवश्यकता ही नहीं पड़ती थी। कहते हैं कि एक बार का पाठ इतना कठिन था कि ये उसमें से कुछ अंश भूल गए। गुरु से यह बात कही, तो वे उस पाठ को दोहराने को तैयार न हुए। ये निराश होकर यमुना के किनारे एक पेड़ के नीचे जा बैठे। एकाग्रचित्त होकर सोचने से थोड़ी देर में पाठ स्मरण हो आया। जाकर जब गुरु को वह पाठ उन्होंने सुना दिया तो गुरु की प्रसन्नता की सीमा न रही।

दयानंद स्वामी बिरजानंद के पास रहकर ढाई वर्ष अध्ययन करते

रहे। वेदों और शास्त्रों को समझने की एक नई दृष्टि प्राप्त करने के अनंतर विदा लेने का समय आया। दयानंद सोचने लगे कि उन्हें गुरु दक्षिणा क्या देनी चाहिए? गुरु को लौंग बहुत पसंद थे। दयानंद जब कुछ लौंग लेकर उनके पास पहुँचे, तो गुरु ने कहा—"गुरु-दक्षिणा के रूप में मुझे ये लौंग नहीं, कुछ और चाहिए।"

दयानंद बोले, "मेरा तन-मन आपकी सेवा में है। आप आदेश दीजिए।"

गुरु ने कहा, "चारों ओर अविद्या और अज्ञान का अंधकार छाया है। रूढ़ियों और मत-मतांतरों ने देश में घर कर रखा है। तुम देश में ज्ञान और विद्या का प्रकाश फैलाओ, मैं तुमसे यही गुरु-दक्षिणा चाहता हूँ।"

अब अपना स्पष्ट कार्य-क्षेत्र इनके सामने था। देश का मानसिक जीवन अंधविश्वासों में खोखला हो रहा था। विदेशी राज्य-सत्ता ने सांस्कृतिक और नैतिक मूल्यों को लगभग तोड़ दिया था। लोग कायर थे और अपनी सुविधा ही उनका जीवन दर्शन था। कुरीतियाँ कितनी ही थीं—जाति-भेद, बाल-विवाह, विधवाओं के प्रति अमानुषिक व्यवहार; स्त्रियों को शिक्षा की अधिकारिणी ही नहीं समझा जाता था। जनता के अज्ञान का लाभ उठाकर ईसाई पादरी तत्परता से उसमें अपने धर्म का प्रचार कर रहे थे। स्वामी दयानंद ने भी इन सभी परिस्थितियों से एक साथ लड़ने का निश्चय कर लिया। सोच लिया कि वे लिखकर, भाषण देकर तथा एक संगठन तैयार करके अपने समय की सामाजिक कुरीतियों से लोहा लेंगे। जब तक समाज में जागृति नहीं आएगी, वे साँस नहीं लेंगे।

पूरे देश में उन्होंने भ्रमण करना आरंभ किया। आज यहाँ भाषण, कल वहाँ शास्त्रार्थ। आगरा, धौलपुर, ग्वालियर—जहाँ कहीं वे पहुँचे, जनता ने खुलकर उनका स्वागत किया। सदियों से अंधविश्वासों में जकड़े लोगों को जैसे एक नयी चेतना मिलने लगी। उनकी वाणी में ही ऐसा

प्रभाव था कि लोग अनायास उनके अनुयायी बन जाते। जो बातें वे कहते, वे समय की सच्ची अनुभूति थीं; क्योंकि वही अनुभूति लोगों के अंदर भी थी, इसलिए उसके मुखर होकर सामने आने से उन्हें लगता जैसे उनके अपने ही मन की बात कोई दूसरा उनसे कह रहा हो। करौली, जयपुर—हर जगह एक-सी हलचल, एक-सी वैचारिक क्रांति। हर जगह पुराने पंडित-वर्ग की ओर से एक-सा विरोध। परंतु उस विरोध को पराजित करती वही ओजभरी वाणी।

फिर आया हरिद्वार का कुंभ मेला। स्वामी दयानंद ने वहाँ जाकर फिर वही दृश्य देखा। वही पंडों का पाखंड, साधुओं के आडंबर। साधुओं के जलूस निकलते, तो हजारों स्त्रियाँ उनकी चरणधूलि सिर पर लगातीं। स्वामी दयानंद से यह सब सहा नहीं गया। उन्होंने वहाँ अपनी 'पाखंड खंडिनी' पताका गाड़ दी और लोगों को वास्तविक आर्य धर्म का उपदेश देने लगे। पंडों ने उन्हें वहाँ से उखाड़ने के बहुत प्रयत्न किए, परंतु सफल नहीं हो सके।

स्वामी दयानंद के सबल व्यक्तित्व तथा अकाट्य तर्कों के कारण जहाँ बहुत से लोग उनके शिष्य बन गए, वहाँ अनेक रूढ़िवादी उनके शत्रु भी हो गए। इन लोगों ने उन्हें मार्ग से हटाने के लिए सभी तरह के प्रयत्न किए। उन पर पत्थर बरसाए। यहाँ तक कि उन्हें विष भी देने का प्रयत्न किया। अनूपशहर में जब उन्हें विष दिया गया, तो उन्होंने यौगिक क्रिया द्वारा सारा विष बाहर निकाल दिया। विष देने के अपराध में जब उस ब्राह्मण को पकड़ लिया गया, तो स्वामी दयानंद ने यह कहकर उसे मुक्त करा दिया, "मेरा ध्येय मनुष्यों को बंधन में डालना नहीं, बंधन से मुक्त कराना है।"

और वह बंधन था सदियों में बनाए गए गलत संस्कारों का। उन्हें उन संस्कारों को बदलना था। लोगों को उस धर्म के निकट ले जाना था जो वास्तविक वैदिक-धर्म था, वास्तविक आर्य-धर्म था। इसके लिए आवश्यक था कि उनकी वाणी हर व्यक्ति तक पहुँच सके। पहले वे

संस्कृत में भाषण दिया करते थे। परंतु अपनी बात जन-साधारण तक पहुँचाने के लिए उन्होंने उन्हीं की भाषा में बात कहने का निश्चय किया। वे अपने भाषण हिंदी में देने लगे।

एक बार स्वामी दयानंद कर्णवास पहुँचे। उन दिनों वहाँ गंगास्नान का मेला था। हजारों लोग देश के विभिन्न भागों से वहाँ स्नान के लिए आए हुए थे। उनमें बरेली के राय कर्णसिंह भी थे। स्वामी दयानंद ने वहाँ भाषण दिया। जैसे ही भाषण समाप्त हुआ, राय कर्णसिंह उनसे वाद-विवाद करने लगे। स्वामी दयानंद ने कर्णसिंह से कुछ प्रश्न पूछे जिनका वह उत्तर नहीं दे पाए। अपनी असमर्थता पर उन्हें इतनी खीझ हुई कि वे इन पर गालियों की बौछार करने लगे। क्रोध में उनका हाथ बार-बार तलवार की मूठ पर जा रहा था। यह देख दयानंद बोले, ''यदि शास्त्रार्थ करना है, तो अपने गुरु को यहाँ बुला लाओ। यदि युद्ध करने का शौक है तो एक संन्यासी से क्यों टकराते हो, जयपुर और जोधपुर से जा भिड़ो।'' यह सुनकर कर्णसिंह इन पर तलवार से वार करने दौड़े। वे वार करने ही जा रहे थे कि इन्होंने तलवार छीनकर उसके दो टुकड़े कर दिए और कहा, ''मैं संन्यासी हूँ। तुम पर वार करके बदला नहीं लूँगा। जाओ, भगवान तुम्हें सुबुद्धि दे।''

यूँ तो स्वामी दयानंद का कार्य-क्षेत्र सारा उत्तर भारत था, फिर भी इन्हें अधिक सफलता पंजाब, उत्तर प्रदेश और राजस्थान में मिली। लगभग अठारह वर्ष वे विभिन्न प्रदेशों में घूमकर अपने सिद्धांतों का प्रचार करते रहे। एक तरह से कहा जा सकता है कि उन्होंने प्राचीन और नवीन के बीच एक कड़ी का काम किया। 10 अप्रैल, 1875 को बंबई में उन्होंने आर्य समाज की स्थापना की। दो वर्ष बाद लाहौर में आर्य समाज की स्थापना की गयी। शीघ्र ही इसने एक व्यापक संगठन का रूप ले लिया और उत्तर भारत के प्रायः सभी नगरों और कस्बों में आर्य समाज के अपने मंदिर स्थापित हो गए। इनके शिष्यों की संख्या इतनी बढ़ गयी कि उन्होंने यह वैचारिक क्रांति शिक्षा के क्षेत्र में ले

जाने का निर्णय कर लिया। शिक्षा के अतिरिक्त राजनीति को भी एक नयी दिशा देने का संकल्प कर लिया गया। इसी उद्देश्य से स्वामी श्रद्धानंद ने 'गुरुकुल कांगड़ी' की स्थापना की।

सन् 1883। महाराजा जोधपुर ने स्वामी दयानंद को अपने यहाँ निमंत्रित किया था। वहाँ कई दिनों तक वे महाराजा के अतिथि के रूप में नियमित रूप से जनता को उपदेश देते रहे। वहाँ रहते इन्हें पता चला कि महाराजा एक वेश्या से प्रेम करते हैं। इन्होंने इस बात की भर्त्सना की, तो वह वेश्या इनकी शत्रु बन गयी। रसोइए से मिलकर उसने इन्हें भोजन में विष खिला दिया। विष के प्रभाव से इनके सारे शरीर पर फफोले निकल आए। चिकित्सा का अच्छे-से-अच्छा प्रबंध किया गया, परंतु कोई लाभ नहीं हुआ। सन् 1883 की दीवाली का दिन था। स्वामी दयानंद गायत्री मंत्र का उच्चारण करते-करते एकाएक मौन हो गए।

कुछ ही व्यक्ति होते हैं जिनकी मृत्यु उनके जीवन से अधिक क्रांतिकारी सिद्ध होती है। स्वामी दयानंद ऐसे ही व्यक्तियों में से थे। उनकी मृत्यु के कुछ ही वर्षों के अंदर आर्य समाज ने एक अत्यंत सबल आंदोलन का रूप ले लिया। शिक्षा के क्षेत्र में तो इनके अनुयायियों ने सचमुच एक क्रांति ला दी। स्वामी दयानंद को एक तरह से उत्तर भारत में आधुनिक विचारधारा का प्रवर्तक कहा जा सकता है। सामाजिक, सांस्कृतिक, राजनीतिक तथा धार्मिक क्षेत्रों में उन्होंने जो स्थापनाएँ सामने रखीं, उन्हीं के आधार पर समाज का मानसिक पुनर्गठन सम्भव हो सका। जब कांग्रेस का जन्म भी नहीं हुआ था, तभी उन्होंने कहा था कि स्वराज्य के बिना कोई राष्ट्र उन्नति नहीं कर सकता। भाषा के संबंध में उन्होंने कहा था कि अंग्रेजी हमारे संस्कारों की भाषा नहीं है, संस्कृत जनसाधारण से दूर जा पड़ती है, इसलिए हिंदी ही संपूर्ण राष्ट्र की भाषा हो सकती है। गाँधीजी के हरिजन आंदोलन से बहुत पहले उन्होंने कहा था कि अस्पृश्यता हमारे समाज के लिए घातक है। वर्ण-व्यवस्था को स्वीकार

करते हुए भी उसका आधार जन्म को नहीं, कर्म को माना था। कहा था, "जन्म से सब बराबर हैं। अपने कर्म से ही व्यक्ति ब्राह्मण, क्षत्रिय, वैश्य या शूद्र बनता है।" इसी तरह स्त्री शिक्षा का सूत्रपात तथा विधवा-विवाह का समर्थन करके उन्होंने एक पिछड़े समाज को अग्रगामी बनाने में बहुत बड़ा योग दिया। विश्व कवि रवींद्रनाथ ने इन शब्दों में उनके प्रति श्रद्धांजलि अर्पित की थी, "जिसकी दिव्य दृष्टि ने भारत की आत्मगाथा में सत्य और एकता का बीज देखा, जिसकी प्रतिभा ने भारतीय जीवन के विविध अंगों को प्रदीप्त कर दिया, जिसका उद्देश्य इस देश को अविद्या, अकर्मण्यता और प्राचीन ऐतिहासिक तत्त्व-विषयक अज्ञान से मुक्त कर सत्य और पवित्रता के लोक में लाना था। उस गुरु को मेरा बारंबार प्रणाम है।"

कन्हैयालाल मिश्र 'प्रभाकर'

सहारनपुर (उत्तर प्रदेश) जिले के देवबंद कस्बे में प्रभाकर जी का जन्म सन् 1906 ई. में हुआ था। धर्म, राष्ट्रीयता और आदर्शवाद आपके प्रिय विषय रहे हैं। गाँधी जी के प्रति श्रद्धा और अनुराग प्रारंभ से ही था। उन्हीं के प्रभाव स्वरूप आपने सन् 1942 ई. में जेल-यात्रा की। गाँधीवादी युग के अनुरूप आप सादगी और स्पष्टता पर विश्वास करते हैं। युग दृष्टि और अभिव्यक्ति का पैनापन आपके व्यक्तित्व में मिलता है। जिसकी अभिव्यक्ति आपकी रचनाओं में भी हुई है। प्रभाकर जी की रचनाएँ अपने पाठकों को आत्मीयता में बाँधती हैं। संस्मरण, रिपोर्ताज़ और रेखाचित्र की रचना के क्षेत्र में प्रभाकर जी का नाम प्रथम पंक्ति में है।

इनकी अधिकतर रचनाओं में इनकी जीवन घटनाओं, अनुभूतियों प्रवृत्तियों और अपेक्षाओं को स्थान प्राप्त हुआ है। अंतःकरण की प्रेरणा और लेखकीय संवेदना से भरपूर इनकी रचनाएँ सरलता से ऐसी बात कह जाएँगी कि पाठक का मन अभिभूत हो जाएगा। आपने सामयिक संदर्भों से लेकर स्थायी चिंतन तक के विषयों पर लिखा है। आजीविका के लिए आपने पत्रकारिता का आश्रय भी लिया है। आपने 'विकास', 'ज्ञानोदय', 'नया जीवन' आदि पत्रिकाओं का संपादन किया है। 'जिंदगी मुस्कराई', 'माटी हो गई सोना', 'दीप जले शंख बजे', 'क्षण बोले कण

मुस्काए', 'बूँद-बूँद सागर लहराया' और 'महके आँगन चहके द्वार' आपकी 'रेखाचित्र', 'रिपोर्ताज़' और 'संस्मरण' की कुछ पुस्तकें हैं।

पहाड़ी रिक्शा एक रिपोर्ताज़ है जो कन्हैयालाल मिश्र 'प्रभाकर' की 'क्षण बोले कण मुस्काए' कृति से लिया गया है। प्रस्तुत रिपोर्ताज़ में लेखक ने मानव समाज में मनुष्यों के मनुष्यों के प्रति अमानवीय व्यवहार पर क्षोभ प्रकट किया है। पेट की भूख शांत करने के लिए मनुष्य द्वारा जीवित मनुष्यों का बोझा ढोना, निर्धन व्यक्ति की मज़बूरी कही जा सकती है, किंतु पैसे के गर्व से स्वयं को जीवित मनुष्य पर बोझ बनाकर लाद देने वाला किसी भी प्रकार से सहानुभूति का पात्र नहीं है। रोग, वृद्धावस्था, मृत्यु अथवा ऐसी ही किसी आकस्मिक स्थिति में, जहाँ अन्य किसी विकल्प का अभाव है, मनुष्य द्वारा मनुष्य को ढोना लाचारी है, किंतु सामान्य स्थिति में इसे कभी भी उचित नहीं माना जा सकता। ऐसे बोझ को ढोने वाला और जो बोझ बना है—दोनों ही लेखक की दृष्टि में दया के पात्र हैं। लेखक अत्यंत स्पष्ट शब्दों में इस सड़ी-गली प्रथा को समाप्त करने की पैरवी करता है।

'रिपोर्ताज़' फ्रांसीसी भाषा का शब्द है, अंग्रेज़ी 'रिपोर्ट' (Report) से इसका गहरा संबंध है। रिपोर्ताज़ लिखने का फैशन हिंदी में पश्चिम से आया। यह आधुनिक युग की देन है। किसी घटना, स्थान या दृश्य की साहित्यिक और कलात्मक रिपोर्ट प्रस्तुत करना ही रिपोर्ताज़ है। अखबारी रिपोर्ट प्राणहीन होती है। वे सामान्य विवरण जैसी होती हैं, उनमें स्थायित्व नहीं होता। रिपोर्ताज़ में लेखक वास्तव में अपनी प्रवृत्ति और तन्मयता के आधार पर उस घटना का वर्णन करता है जिसने उसे अत्यधिक प्रभावित किया हो। कन्हैयालाल मिश्र 'प्रभाकर' का प्रस्तुत रिपोर्ताज़ काल्पनिक नहीं, आँखों देखी घटना पर आधारित है। इसमें वे पत्रकार की भाँति सामाज़िक दायित्व का निर्वाह करते हैं, किंतु कलात्मकता की उपेक्षा कतई नहीं करते। उन्होंने वस्तु तत्त्व को रेखाचित्र की शैली में अत्यंत मार्मिक ढंग से व्यक्त किया है। घटना का कथा

तत्त्व से जुड़ाव, जनजीवन का मार्मिक वर्णन, भाव और बुद्धि का सामंजस्य आदि प्रस्तुत रिपोर्ताज़ की विशेषताएँ हैं। लेखक की भाषा भावों को वहन करने में पूरी तरह समर्थ है। छोटे-छोटे वाक्य बोलचाल की भाषा के निकट हैं, अतः रचनाकार पाठक से आत्मीयता स्थापित कर लेता है। आडंबरहीन भाषा, आत्मपरक शैली एवं चित्रात्मकता प्रस्तुत रिपोर्ताज़ की विशेषताएँ हैं। सहज जीवन और कबीरी भाषा पाठकों पर अमिट प्रभाव छोड़ती है।

पहाड़ी रिक्शा

यह जा रही है पास ही एक रिक्शा, जिसमें बैठी हैं दो परियाँ और उन्हें खींच रहे हैं पाँच जन!

वह जा रही है दूर एक रिक्शा, जिसमें बैठा है एक भैंसा और उसे खींच रहे हैं चार जन।

यह जा रही है नीचे की ओर स्वयं दौड़ी-सी एक रिक्शा, जिसमें बैठा है एक बीमार और उसे खींच रहे हैं चार जन!

रिक्शा देखते ही आँखों की राह दिल में उतर जाते हैं ये रिक्शा कुली, जो पेट के लिए मनुष्य होकर भी बैलों या घोड़ों की तरह मनुष्य को ही ढोते हैं।

पिछले वर्षों में जब-जब पहाड़ पर आया हूँ, रिक्शाएँ देखी हैं और तभी तब सोचा है, कितने दयनीय हैं, जो पेट के लिए रिक्शा खींचते हैं!

उस दिन भी एक बेंच पर बैठा मैं देख रहा था कि रिक्शाओं का एक समूह चला जा रहा है, पर मेरा ध्यान रिक्शा के कुलियों पर नहीं, रिक्शा पर ही जा टिका।

कितना बोझ होगा एक रिक्शा में? चार-पाँच मन! और दो सवारियों में? आमतौर पर ढाई मन! तब पूरा बोझ हुआ सात-आठ मन और कभी-कभी दस मन। इसका अर्थ हुआ रिक्शा के प्रत्येक मजदूर पर डेढ़ मन से दो मन!

मैं कुछ सोच रहा हूँ, सोचे जा रहा हूँ, कोई बड़े काम की बात है, पर धुँधली-सी है और पकड़ में नहीं आ रही! तभी देखता हूँ, सामने की ऊँची कोठी पर आटे की पूरी बोरी अपनी कमर पर लिए और खिंचे पट्टे के सहारे उसे सँभाले एक मजदूर बढ़ा जा रहा है। उसे देखते ही, मेरे भीतर धुंजो धला विचार घुमड़ रहा था, उसे स्वरूप मिल गया है। अब मैं अपने से पूछ रहा हूँ, रिक्शा का मजदूर दो मन का बोझ पहियों के सहारे खींचता है और यह मजदूर ठीक दो मन बोझ अपनी कमर के सहारे ही लिए जा रहा है, फिर रिक्शा का कुली दयनीय क्यों है? स्वयं मार्क्स राष्ट्रपति हों या महात्मा गाँधी, ऊपर बोझ ले जाने की जरूरत होगी, तो सामान ऊपर जाएगा ही, और कोई-न-कोई उसे ले जाएगा भी, फिर इसमें दयनीयता क्या है? कुछ नहीं, तो फिर रिक्शा में ही क्या खास बात है?

एक मजदूर दो मन आटा ले जा रहा है, एक मजदूर एक आदमी को, जिसका बोझा दो मन है, खींचे लिए जा रहा है, इसमें क्या कुछ अंतर है? मजदूर आटा उठाए या आलू, कपड़ों का ट्रंक ले जाए या बारात का बिस्तरा, और इसी तरह वह ले जाए एक आदमी को, उसे उसकी मजदूरी मिलेगी। मुझे याद आया, अस्पताल में जो अनाथ लोग मर जाते हैं उन्हें श्मशान ले जाने का काम भी मजदूर करते हैं और अपनी मजदूरी ले लेते हैं। फिर जब आटा ढोने में भी दयनीयता नहीं, तो यह कौन-सी फिलासफी है कि जीवित मनुष्य का ढोना ही दयनीयता है?

जो बात पिछले अनेक वर्षों से मन के लिए साधारण रही है, वह आज असाधारण क्यों बन गई? रिक्शा देखकर सदैव रिक्शा-कुली पर जो दया आती रही है, इस प्रथा को बंद करने के लिए मन में करुणा और विद्रोह का जो स्वर उमड़ता रहा है, क्या वह एक सस्ती भावुकता ही थी? मन यह मानने को तैयार नहीं होता, पर मस्तिष्क तो आज जैसे अपनी बात पर अड़ ही गया है—वह उस भावुकता की खिल्ली उड़ाकर पूछता है—जब मुरदा मनुष्य ढोना दयनीय नहीं, तब जीवित मनुष्य को खींचना दयनीय क्यों है?

मैं अपने में खो गया हूँ—हाँ, ठीक तो है। हम समाज व्यवस्था को ऐसा रूप दें कि मजदूरी ही न रहे, उसकी आवश्यकता ही समाप्त हो जाए! जब तक ऐसा न हो, मजदूरी-मजदूरी एक। मजदूर आलू ढोए या आटा, जीवित आदमी को ढोये या मुरदा लाश, एक ही बात है। हाँ, यह जरूरी है कि मजदूर को पूरी मजदूरी मिले। आखिर समाज में पाखाना ढोना भी एक कार्य है और कोई-न-कोई उसे करेगा ही। समाज का जो यह काम करे, वह दयनीय क्यों?

मन में झिझक अभी बाकी है और तभी मैं अपने से पूछ रहा हूँ—तो रिक्शा-कुली दयनीय नहीं है न? मस्तिष्क चौकन्ना है—वह पूरी दृढ़ता से कहता है, नहीं, भाई, नहीं। मन पूछता है, यह दयनीय नहीं है, तो पिछले अनेक वर्षों में मैं यों ही इससे दुःखी रहा हूँ और दूसरे लोग भी खामखाह ही इस भावुकता में फँसे रहे हैं? मन चाहता है, कोई तथ्य ऐसा मिले कि इस भावुकता का समर्थन हो, पर मिल नहीं रहा है और तब मैं सोच रहा हूँ, किस मूर्खता में फँसा रहा मैं इतने साल!

यों ही ध्यान उचटकर पहुँच गया, उस बड़े अस्पताल में, जहाँ बहन का बड़ा ऑपरेशन हुआ था। बहन क्लोरोफार्म में धुत और रोग के आक्रमण से जर्जर। ऑपरेशन-रूम में चार आदमी स्ट्रेचर पर उसे कमरे तक उठाकर लाए। मैं भी साथ-साथ रहा और रास्ते-भर सोचता रहा—कितने अच्छे हैं ये लोग। ये यहाँ न हों, तो रोगियों को कितना कष्ट हो? और तब मैंने कृतज्ञ होकर उन्हें दो रुपए पुरस्कार दिए थे। तब क्या उनका कार्य दयनीय था और मेरे मन में उनके प्रति कोमलता का जो भाव उगा था, वह एक मूर्खता ही थी? आज तो यही लगता है कि वह एक मूर्खता ही थी। मनुष्य भी क्या अजूबा है कि इतने वर्षों तक एक मूर्खता को ही अपना गुण समझता रहा।

सोचने की शक्ति और उत्साह अब क्षीण हो गया है और मस्तिष्क थक चला है। मन अब कोई नई बात चाहता है। मैं अपनी बेंच से उठकर चल पड़ा हूँ, धीरे-धीरे और सुस्त, मन जैसे भर-सा गया है, यह

पछाड़ खाकर। चला जा रहा हूँ, चला जा रहा हूँ। कुछ सोच रहा हूँ, कुछ सोच भी नहीं रहा हूँ।

सामने से आ रहा है एक मजदूर–कोयले की एक कंडी कमर पर लिए, दूसरी ओर जा रहा है एक मजदूर–कमर पर ही लकड़ी का भारी गट्ठा लिए। वे जा रहे हैं तीन मजदूर, साथ-साथ बड़े-बड़े ट्रंक और बिस्तर लादे।

मैं देख रहा हूँ और सोच रहा हूँ कि कितना बोझ उठाते हैं ये पहाड़ी बंधु! और तब याद आया, उस दिन कुलड़ी बाजार में ढाल पर बच्चा बैठ गया और बॉस्केटवाला भी न मिला, तो मैंने उसे अपनी गोद में उठा लिया था। हाँ, उठा तो लिया था, पर ऊपर पहुँचना मुश्किल हो गया था। ऊपर पहुँचकर जब लंबे-लंबे साँसों के बीच मैंने उतारा, तो मुझे लगा कि मेरी छाती से भूत उतरा और तब मेरे मुँह से निकला, कम्बख्त में कितना बोझ है।

अब मेरे मन में एक शब्द है बोझ और यह एक गूँज की तरह मेरे मन के गुंबद में भर रहा है।

एक बार किसी गाँव में जब मैं गया तो वहाँ एक पिता ने अपने निखट्टू पुत्र को 'धरती का बोझ' कहा था और मेरे नन्हे पुत्र को पत्नी की मृत्यु के बाद किसी आत्मीय ने ही 'छाती का बोझ' कहा था।

मन के गुंबद में भरी गूँज में अब ये दो नई ध्वनियाँ आ गई हैं–धरती का बोझ और छाती का बोझ!

धरती का बोझ! छाती का बोझ!! दोनों में मन की घोर घृणा है। तो बोझ बनना बुरा है! बोझ बनकर जीना दयनीय है!

मन की गूँज इस चिंतन में तीव्र हो चली है। बोझ बनना बुरा है। बोझ का अर्थ है–दूसरे का सहारा। यह स्वावलंबन के विरुद्ध अनाथता का–असहायता का आलंबन है।

सामने से एक रिक्शा आ रही है। उसमें बैठा है एक मोटा मनुष्य और उसे खींच रहे हैं चार जन! कोयले की कंडी, लकड़ी का गट्ठा और

ट्रंक-बिस्तरा लिए जा रहे वे मजदूर भी दिखाई दे रहे हैं मुझे।

ओह! कितना बोझ ढोते हैं ये पहाड़ी बंधु! फिर वही बोझ! कोयले का बोझ, लकड़ी का बोझ, ट्रंक का बोझ! सोचते-सोचते मैं बह रहा हूँ...और मनुष्य का बोझ!

मन के भीतर एक रोशनी-सी आ रही है—मनुष्य का बोझ! तभी एक प्रश्न—जो मनुष्य रिक्शा में बैठता है, वह बोझ है और जीवित स्वस्थ मनुष्य का बोझ बनना दयनीय है? बेशक दयनीय है!

मेरी थकान अब दूर हो गई है। मन के साथ देह में भी स्फुरण है और एक वाक्य मन की उस गूँज पर छा गया है...जो रिक्शा खींचते हैं वे पुरुषार्थी हैं...उनका पुरुषार्थ भले ही उनकी विवशता हो, वे हैं पुरुषार्थी और जो उसमें बैठते हैं, वे बोझ हैं। इस बात का फलितार्थ होता है—बोझ बनना दयनीय है, रिक्शा में बैठने वाले लोग दयनीय हैं!

और मैं अब अपने से कह रहा हूँ। अनेक वर्षों से मैं रिक्शा चलाने वालों को दया का पात्र समझता रहा हूँ, पर सत्य यह है कि रिक्शा में बैठने वाले ही दयनीय हैं।

मन नई दिशा में मुड़ चला है—अहिंसा की छाया में। एक रोगी भी हमारी दया का पात्र है और एक डाकू भी। दवा और दंड समाज की दया ही तो है! तब पेट के लिए बोझ ढोने को विवश मजदूर और पैसे के गर्व में मनुष्य से बोझ बनने वाला यात्री, दोनों ही दया के पात्र हैं और हमारी दया का अनुरोध है कि यह प्रथा बंद हो।

बूढ़ों एवं बीमारों के लिए झपान, बच्चों के लिए बॉस्केट और मूर्च्छितों एवं मृतकों की सेवा के लिए स्ट्रेचर रहेंगे ही। रिक्शाएँ भी रहेंगी, पर संग्रहालयों में, जहाँ भावी पीढ़ी के बच्चे उन्हें देखेंगे और सोचेंगे—ओह! वह भी एक युग था, जब मनुष्य भी कुछ पैसों के लिए मनुष्यों द्वारा ही बोझ की तरह ढोया जाया करता था!

डॉ. लक्ष्मण सिंह बिष्ट 'बटरोही'

'बटरोही' का जन्म 25 अप्रैल, 1946, छानागाँव, अल्मोड़ा (उत्तरांचल) में हुआ। इनकी प्रारंभिक शिक्षा गाँव में हुई। स्नातकोत्तर शिक्षा नैनीताल से पूरी करने के बाद 1970 में इलाहाबाद विश्वविद्यालय से प्रेमचंद-पूर्व कथा-साहित्य पर डी.फिल्. किया।

कई सरकारी कॉलेजों में अध्यापन तथा अनेक पत्रिकाओं का संपादन करने के बाद संप्रति कुमाऊँ विश्वविद्यालय, नैनीताल के हिंदी विभाग में प्रोफेसर तथा अध्यक्ष। तीन साल भारत सरकार की आदान-प्रदान योजना के अंतर्गत आत्वॉशलोरांद विश्वविद्यालय, बुदापैश्त (हंगरी) में इंडोलॉजी का अध्यापन एवं इस दौरान काफ्का के शहर प्राग, रोमानिया, ऑस्ट्रिया, फिनलैंड, जर्मनी, लंदन आदि की यात्रा।

अब तक चार कहानी-संग्रह, तीन उपन्यास, चार लघु उपन्यासों का एक संग्रह, दो आलोचनात्मक पुस्तकें तथा हिंदी-अँग्रेजी में दर्जन से अधिक संकलनों का संपादन। इन दिनों अध्यापन के अतिरिक्त उत्तरांचल की सांस्कृतिक जड़ों को खोजने तथा तत्संबंधी लेखन में समय बीतता है।

फ़ीचर आधुनिक लेखन विधा है, जो पत्रकारिता के क्षेत्र में विकसित हुई है। फ़ीचर ऐसा रचनात्मक लेख है, जिसका गठन किसी घटना, स्थिति अथवा जीवन के किसी पक्ष के संबंध में पाठक का मनोरंजन करने अथवा सूचना देने के उद्देश्य से किया गया हो। फ़ीचर

में किसी विशेष और अनोखे सत्य का विश्लेषण किया जाता है। यह अभिव्यक्ति का ऐसा रूप है, जिसमें ज्ञान, कल्पना, यथार्थ, घटनाएँ, चमत्कार, कौतूहल, समस्या आदि सभी कुछ भावना प्रधान और रसमय गद्य में बुना हुआ रहता है। दृश्यात्मकता इसकी अन्यतम विशेषता है। अर्थात् कहने का ढंग ऐसा हो कि पाठक के सामने उस स्थान परिवेश और घटना का आकर्षक लघु चित्र खड़ा हो जाए। फ़ीचर की शक्ति तथा प्रभावशीलता इस बात पर निर्भर करती है कि—उसमें अन्तर्निहित सत्य, मानवीय, संवेदना और घटनाओं के पीछे सक्रिय कारणों का विश्लेषण कितनी जीवंतता के साथ किया गया है। समाचार कुछ ही समय के लिए ताज़ा रहता है, फिर इतिहास के खाते में चला जाता है, इसके विपरीत फ़ीचर उसी समाचार का उपयोग करते हुए भी सदैव पठनीय और ताज़गी लिए रहता है।

इलाहाबाद फ़ीचर आधुनिक गद्य लेखन की महत्त्वपूर्ण विधा का प्रतीक है। इलाहाबाद शहर कस्बा होते हुए भी कस्बा नहीं है, इस शहर में क्रांतिकारी, समाजसेवी, साहित्यकार, खोमचेनुमा होटल ....आदि ऐसे सूचनापरक स्थान व व्यक्तियों में निराला, पंत, उपेन्द्रनाथ अश्क जैसे महान विद्वानों की सूचनाएँ हैं, जो इस फ़ीचर विधा में महत्त्व को सिद्ध करती हैं। लेखक ने इस शहर को देखते हुए शहर के सभी महत्त्वपूर्ण पक्षों को उजागर किया है। यह शहर विचारों से संस्कारी परंतु आधुनिकता के दौर में कदम से कदम बढ़ा रहा है। शहर के गली-मुहल्लों के वर्णन के साथ-साथ चौक, दारागंज व सिविल लाइंस का वर्णन खूबसूरती से किया गया है।

रचनाकार की दृष्टि से शहर में क्या-क्या सुंदरताएँ, विद्रूपताएँ हैं, को सरल पाठकीय शैली में प्रस्तुत किया गया है। शैली में चित्रात्मकता प्रधान है, लगता है, जैसे लेखक के साथ-साथ पाठक शहर में घूम रहा है और शहर पाठक की आँखों के सामने गुज़र रहा है। समय की जीवंतता, समाचार की सत्यता और इतिहास सभी को एक साथ पाठक अनुभव

करे तो यह फ़ीचर संपूर्ण माना जा सकता है।

इलाहाबाद फ़ीचर कौतूहल, संक्षिप्तता व विश्वसनीयता से युक्त है। सामान्यतः फीचर में संक्षिप्त आमुख दिया जाता है। प्रस्तुत फ़ीचर में लेखक ने कम व सरल वाक्यों में आकर्षक ढंग से परिचयात्मक भूमिका दी है। कि पाठक स्वतः ही उसे संपूर्ण रुचि से पढ़ने के लिए लालायित हो उठता है।

अच्छे फ़ीचर में किसी विषय के 'समाचार' के पीछे के 'समाचार' का विश्लेषण अथवा स्पष्टीकरण प्रस्तुत किया जाता है। 'इलाहाबाद' फ़ीचर में लेखक ने इलाहाबाद से संबंधित ऐसे नवीन तथ्यों का अन्वेषण किया है, जहाँ वर्षों से वहाँ रहने वाले निवासी भी उनसे रू-ब-रू नहीं हुए होंगे। प्रस्तुत फ़ीचर जहाँ इलाहाबाद से अपरिचित व्यक्तियों को उसके वैशिष्ट्य से परिचित कराकर, उससे एक आत्मीय संबंध का एहसास कराने लगता है, वहीं यहाँ निवास करने वाले अथवा इससे पहले ही से परिचित व्यक्तियों को भी इसे लेखक द्वारा प्रदत्त नवीन दृष्टि से देखने के लिए प्रेरित करता है। यह लेखक की गहन निरीक्षण शक्ति, मानवीय दृष्टिकोण तथा घटनाओं के पीछे देखने की क्षमता का परिचायक है। इलाहाबाद के चप्पे-चप्पे से परिचित लेखक ने नीर-क्षीर विवेक का प्रयोग कर पाठकीय रुचि के अनुरूप तथ्यों का चयन किया है तथा अपने अनुभवों, दृष्टिकोण और पाठकीय संवेदना को ध्यान में रखकर घटनाओं, स्थितियों और तथ्यों को बुनने की कला का परिचय दिया है।

फ़ीचर लेखन को शक्ति परीक्षण के समतुल्य माना जाता है, क्योंकि न तो यह समाचारों की तरह चटपटा होता है न नीरस सूचनात्मक गद्यखंड। न यह साहित्य की तरह केवल मनोरंजक, कल्पनापरक, रसात्मक या प्रज्ञात्मक ही होता है। अपितु दोनों ही क्षेत्रों का संतुलित समायोजन फ़ीचर में निहित रहता है। बटरोही इस शक्ति परीक्षण में खरे उतरे हैं।

इलाहाबाद

गुलाबी सुबह की शुरुआत होती है और खामोश उजाला अपने पंजों को ढीला छोड़ता हुआ-सा भीमकाय शहर में फैल जाता है। प्रयाग स्टेशन पर लखनऊ एक्सप्रेस की चीख सुनाई पड़ती है, चैथम लाइंस में मिलिट्रीवालों का पहला साइरन बजता है, संगम से लौटते हुए कुछ महिलाओं और पुरुषों के हल्के से मंत्रोच्चार सुनाई पड़ते हैं, गलियों-बाजारों में खोमचेवाले फिरने लगते हैं और अपने-अपने मुहल्लों के तथाकथित 'क्रांतिकारी' राजनीतिज्ञ, समाजसेवी और साहित्यकार खोमचेनुमा होटलों में चाय की चुस्कियाँ ले रहे होते हैं...

एक और दिन की शुरुआत होती है—एक ऐसे शहर से जो शहर होते हुए भी शहर नहीं है और जो कस्बा होते हुए भी कस्बा नहीं है।

लंबा अरसा गुजर गया है, जब यह कहा जाता था कि इलाहाबाद भारत का तीर्थ है। तब वास्तव में एक तीर्थ था। भारत में धार्मिक केंद्रों में से एक, उत्तर प्रदेश का प्रमुख शिक्षा-केंद्र और हिंदी का एक प्रमुख गढ़। बहुत दूर-दूर से लोग यहाँ आते थे। प्रयाग विश्वविद्यालय की धाक ही कुछ और थी। देश के बड़े-बड़े नेता, नीतिज्ञ और साहित्य-सेवी इस विश्वविद्यालय ने दिए हैं।

आज भी लोग आते हैं और सिविल लाइंस की सड़कों पर, चौक

की तंग गलियों में या कटरे-कर्नलगंज की सड़कों पर घूमते हुए बहुत कुछ ढूँढ़ने की कोशिश करते हैं—उन लोगों को, उनकी छायाओं को, लेकिन वहाँ मिलता है एक खामोश ठहरा हुआ उजाला, ढीले-पंजों वाला। लगता है जैसे इस शहर के गौरवमय अतीत ने इसे जकड़ लिया है—इतनी सख्ती से जकड़ लिया है कि शहर में एक ठहराव आ गया है।

जैसे दूर से पंख फटफटाता हुआ कोई गिद्ध एक परिक्रमा लगाकर ऊपर ही ऊपर से भाग गया हो, जैसे गहरे काले बादलों का एक झुंड शहर में आते-आते छितरा गया हो...लगता है शहर अपनी ही कुंठाओं से खुद ही जकड़ गया है।

इलाहाबाद शहर की कहानी भी पतनशील सामंती शहरों की ही तरह बाहर से आए हुए लोगों की कहानी है। यह एक आश्चर्य की ही बात है कि यहाँ का स्थानीय वर्ग आज भी वहीं पर है जहाँ बहुत पहले था। आज भी वह चूने-कत्थे के लोटों को पीतल की सींक से खड़खड़ाता हुआ आपसे कह लेता है, 'का करी भय्या, जमाणवाँ बड़ा खराब आय गवा, हमरे देखत देखत...' या फिर कुछेक वकीलों-एडवोकेटों के पुराने काले गाउन और सफेद रिबनों वाले शरीर और पुरानी फोर्ड कारें जो या तो पिसकर रंग उतार चुकी हैं, या हर दूसरे-तीसरे साल पोत दी जाती हैं—या फिर सामंती संस्कारों वाला यह वर्ग जिसके कुछेक मकान और कुछ दुकानें बची हैं, जो हर तीसरे रोज बुझती हुई आँखों से किराएदार के पास जाकर चुपके से कह लेता है, 'भय्या पाँच ठो रुपे हों तो देइ दें। किराये में काट लियो'...या फिर पतनशील समाज की सीमा पर ही अटका हुआ निम्न मध्यवर्ग, जो भाँग की गोलियों को खा-खाकर बीते हुए कुछ अनुभवों को गली के किसी भी कोने में सुनाता रहता है।...

इलाहाबाद का जो कुछ भी अपना गौरवमय अतीत है, या जिसके कारण उसका अपना एक व्यक्तित्व है, वह बाहर के लोगों के द्वारा निर्मित है। लगता है जैसे यह एक ऐसी सराय है, जहाँ प्रतियोगिताएँ

आयोजित की जाती हैं; और सराय मात्र इसी चीज के लिए निर्मित है। यहाँ का जो भी बड़ा बौद्धिक सामने आया है वह ऐसे ही सुदूर स्थानों से यहाँ आया है। यहाँ पर उसने अपनी उन धारणाओं का पुनर्निर्माण किया है और अपने लिए नयी जमीन की तलाश की है। आज भी बाहर रहने वाले तमाम लोगों की धारणाएँ इलाहाबाद के बारे में नहीं बदली हैं पहले भी नहीं बदली थीं। इलाहाबाद जो बाहर से दिखाई देता है, अन्दर से कहीं अलग किस्म का है। यहाँ आकर लोगों की वे सारी धारणाएँ खण्डित हुई हैं और इस विशाल सराय में उन लोगों ने फिर से एक नए संसार का निर्माण किया है और यही कारण है कि इस सरायनुमा शहर में नए ढंग से पनपता हुआ एक और आदमी पैदा होता है...और यही कारण है कि इलाहाबाद से नारे नहीं उठते, शोर नहीं होता, लेकिन आंदोलनों का जन्म यहीं से होता है।

उत्तर की ओर इलाहाबाद विश्वविद्यालय की विशाल इमारत के बाद इस कस्बेनुमा शहर की शुरुआत होती है। विश्वविद्यालय का कला-संकाय और स्वराज्य भवन आमने-सामने ऊँघते हुए से एक-दूसरे की चुनौतियों की प्रतीक्षा करते रहते हैं। एक जमाना था, जब आनंद भवन ने बड़ी-बड़ी प्रतिभाएँ पैदा की थीं—नेहरू परिवार—और एक जमाना था जब इलाहाबाद विश्वविद्यालय से भी—जमाना गुजर गया, अब हड़तालें होती हैं। कर्नलगंज के थाने से लेकर विश्वविद्यालय तक शोर होता है—ऐसा शोर जिसके मूल में गहरी उदासी छाई रहती है और एक उचाट सन्नाटा!

कर्नलगंज और कटरे के मुहल्ले अपने कई अन्य कारणों से प्रसिद्ध हैं। रात को थोड़ी देर हो जाने पर कटरे की तंग गलियों में घूमते हुए या रिक्शे पर जाते हुए आपको कोई तहमदधारी जवान रोक सकता है और जेब खाली कर देने का आदेश दे सकता है। मगर इलाहाबाद अपनी क्रूरताओं के बाद भी कहीं शायद संस्कारों से बहुत सीधा-सादा शहर है। रास्ते चलते किसी से रास्ता पूछिए तो आपको काफी दूर तक

पहुँचा भी देगा।

...और इसी तरह की धीमी चाल से यह शहर रेंगता रहता है। ममफोर्डगंज और नए कटरे के इलाके अपेक्षाकृत शांत रहते हैं। दूसरी ओर चैथम लाइंस में मिलिट्री अफसर रहते हैं, जो इस शहर की आत्मा के अनुकूल नहीं होने के कारण अलग ही लगते हैं।

सिविल लाइंस के चारों ओर चौड़ी, साफ और शांत सड़कें फैली हुई हैं। जगह-जगह पर बिछे हुए रेलवे पुल, उन पर घरघराती हुई ट्रेनें, सड़कों पर साइकिल खड़खड़ाते हुए लोग। लेकिन यह शोर भी लगता है, जैसे किसी गहरी चुप्पी का अभिन्न अंग हो। इलाहाबाद की सड़कों पर घूमते हुए महसूस होता है जैसे यहाँ चारों ओर व्याप्त चुप्पी और खामोशी चिल्ला रही है, अपनी पूरी ताकत से शोर कर रही है।

इलाहाबाद एक शहर में दो शहरों का व्यक्तित्व लिए हुए शहर है। एक शहर वह है जो अपने अतीत के साथ ज्यों का त्यों चिपके रहना चाहता है—दारागंज, कीटगंज, अतरसुइया, मुट्ठीगंज, लोकनाथ और कटरे का इलाहाबाद। दारागंज विशेष प्रयोजन के कारण बसाया गया इलाका है। यों इतिहासोक्ति के अनुसार इसे शाहजहाँ के बड़े बेटे दाराशिकोह ने बसाया था, पर यह प्रयाग का दशाश्वमेध है—घाटों और तीर्थयात्रियों का इलाका। यों भी इस प्रकार के मुहल्लों में वही पुराना स्थापत्य है, तंग गलियाँ हैं, एक-दूसरे से चिपटे हुए मकान हैं—एक मकान की छत पर से दूसरे किनारे पर पहुँचा जा सकता है...यह भारत के लगभग सभी पुराने शहरों में है, लेकिन इलाहाबाद के अंदर बसा हुआ शहर इससे बिल्कुल भिन्न आयाम लिए हुए है। यह शहर सिविल लाइंस से शुरू होता हुआ लूकरगंज, अशोक नगर, ममफोर्डगंज, ऐलनगंज और टैगोर टाउन में फैला है। यहाँ साफ-सुथरे बड़े-बड़े बंगले हैं, उनके फैले हुए लॉन और बगीचे हैं और बंगलों के चारों ओर फैली हुई खामोशी भी है। यहाँ पर एक-एक बंगला अपने-आप में एक मुहल्ला है, जैसे खामोशी और अकेलेपन के प्रतीक के रूप में इन्हें स्थान-स्थान पर निर्मित

किया गया हो। बड़े शहर का आभास देता हुआ यह शहर आधे-से अधिक इस प्रकार छितराया हुआ है।

इलाहाबाद, इसी कारण, लगता है, अवकाश-प्राप्त व्यक्ति की मनोवृत्ति का शहर है। जैसे बुढ़ापे में आदमी वीतराग हो जाता है, यह शहर भी व्यक्ति को एक बार अपने संसर्ग में लाकर जकड़ लेता है। इसका कोई व्यापक कारण नहीं है, बल्कि इस शहर का खामोश ठहराव है। अकेले घूमना चाहें, गप्पें मारते हुए घंटों बिताना चाहें तो किसी सड़क पर निकल जाइए—उन्मुक्त भाव से किसी पुलिया पर मूँगफली टूँगते हुए, घंटों बहस कीजिए....कोई किसी को नोटिस लेने वाला नहीं, दखल देने वाला नहीं। छोटे शहरों या कस्बों की यह मनोवृत्ति भी यहाँ नहीं है, जहाँ व्यक्ति के प्रत्येक कार्य के प्रति लोग सतर्क रहते हैं। किसी प्रकार की औपचारिकता से मुक्त यहाँ का आदमी सहज और सरल होते हुए भी अपने-आप में एक इकाई है—जैसे इलाहाबाद कोई परमहंस दार्शनिक हो, जो वृद्धावस्था में अपनी किसी एकांत कॉटेज में विश्राम कर रहा हो।

इलाहाबाद वास्तव में किसी बड़े गाँव के अंदर पलता हुआ एक आधुनिक शहर है, जो संस्कारों और विचारों से तो आधुनिक है, लेकिन अपनी वेश-भूषा और बाहरी रूप से एक गाँव है, उत्तर प्रदेश का प्रमुख शिक्षा-केंद्र, न्याय-केंद्र और बौद्धिक केंद्र होते हुए भी बाहरी रूप में लगता है जैसे आज भी वहीं है जहाँ आज से पचास वर्ष पूर्व था।

आज के इस बढ़ते औद्योगिकीकरण और शोर से इलाहाबाद अछूता है और यही इसकी विशेषता भी है। यहाँ उद्योग हैं भी तो उन्हें एकदम शहर से काट दिया गया है। इतनी कम दूरी होने पर भी नैनी और इलाहाबाद दो नितांत अलग शहर लगते हैं।

इलाहाबाद का सबसे आकर्षक इलाका है—सिविल लाइंस। यही इस शहर का सिर-फोड़ इलाका है। यहाँ सिर और मगज दोनों फोड़े जाते हैं। अंग्रेज साहब ने अपनी सुविधा के लिए इसका निर्माण भी

अन्य शहरों की भाँति शहर के बीचों-बीच किया था। मुख्य रूप से महात्मा गाँधी मार्ग के एक खास टुकड़े को सिविल लाइंस कहा जाता है। यहाँ पर आकर लगता है कि हम किसी शहर में हैं। कुछेक आधुनिकाएँ भी मिल जाएँगी, कुछेक रेस्तराँ भी मिल जाएँगे और कुछेक अच्छे दिमाग भी—जो अपने-अपने ग्राहकों की प्रतीक्षा करते रहते हैं। बायीं ओर एक विशाल चर्च है, जो इलाहाबाद शहर का कोई विशेष प्रतीक-सा सिद्ध करने के लिए खड़ा किया गया लगता है। इसके आस-पास अधिकांशतः शांति रहती है। एक तरफ हाईकोर्ट का विशाल भवन है; एक ओर इलाहाबाद जंक्शन है; एक ओर विख्यात इंडियन कॉफी हाउस है और एक ओर शिक्षा विभाग के कार्यालय। शायद इतने सारे लोगों को कह सकने के लिए ही इस चर्च का निर्माण किया गया है। ये चारों स्थान जनता के प्रमुख अंग हैं और ईसामसीह की कृपा से चारों जगहों में हर प्रकार के लोग आते-जाते रहते हैं।

'इलाहाबाद साहित्यकारों का ट्रेनिंग सेंटर है।' यहाँ का हर साहित्यकार आपको ऐसा कहता हुआ मिलेगा। यह एक आश्चर्य की ही बात है कि इलाहाबाद बाहरी रूप से आकार-प्रकार में इतना शुष्क दिखाई देने के बावजूद आज भी लेखकों को अपनी ओर आकृष्ट करता है। यहाँ ऐसा अभूतपूर्व प्राकृतिक सौंदर्य भी नहीं है, फ्रीलांस के लिए कुछ भी नहीं है, लेकिन हिंदी का प्रत्येक लेखक यहाँ कुछ समय के लिए अवश्य रहना चाहता है। इसका कारण शायद यह है कि जिन चुनौतियों और जिस संघर्ष की कल्पना को लिए हुए एक लेखक बाहर से यहाँ आता है, यहाँ पर उसे वे चीजें बिलकुल भिन्न संदर्भों में मिलती हैं। एक ख़ास किस्म की दिमागी स्नॉबरी यहाँ के कुछ बुद्धिजीवियों में मिलेगी, जिसका दूसरा रूप निजी फ्रस्ट्रेशन या वीतराग-सी दृष्टि है। ये लोग निजी मसलों में ही उलझे हुए मिलेंगे—ऐसे मसले, जिनसे किसी गंभीर रूप में कार्य कर रहे व्यक्ति का नुकसान भी हो सकता है और अपना कुछ फायदा भी नहीं हो सकता। यह पतनशील सामंती संस्कार ही है। जिसके पीछे,

'चाहे उजड़ गयी, फिर भी दिल्ली ही है' वाला भाव रहता है। यह उजड़े हुए रईसों का भाव ऐसे साहित्यिक गौरव के अतीत से संपन्न स्थान के लिए आवश्यक भी है, क्योंकि ये स्थितियाँ ही हैं, जब नये व्यक्ति की धारणाएँ खंडित होती हैं, लेकिन वह स्थिति एक खास वर्ग में ही मिलेगी, ऐसे वर्ग में जो अपना गम भुलाने के लिए नियमित या हफ्तावार कॉफी हाउस जाना अपना फर्ज समझता है, क्योंकि इतना तो विश्वास रहता ही है। दुनिया भले साहित्यकार न माने, इससे क्या होता है, इलाहाबाद का कॉफी हाउस तो मानता ही है। बाहरी रूप से देखने पर यहाँ महानगरों का जैसा अकेलापन और वैसा संघर्ष भी नहीं है और न व्यक्तियों के बीच उतना अलगाव ही है; लेकिन ये सारी चीजें थोड़े अलग संदर्भों में यहाँ मौजूद हैं। नए लेखक को यहाँ पर शारीरिक पीड़ा की अपेक्षा मानसिक पीड़ा से गुजरना पड़ता है, क्योंकि कस्बाई वातावरण होने के कारण यहाँ का साहित्यिक एक-दूसरे की पूरी तरह से अंतरंगता प्राप्त कर लेना चाहता है और यही कारण है कि जिसने इस प्रकार के त्रास को समझा या आत्मसात किया है, वही यहाँ पर आकर जम पाया है, चाहे वह सुमित्रानंदन पंत हों, चाहे उपेंद्रनाथ अश्क हों या चाहें शैलेश मटियानी। सच तो यह है कि यहाँ का आदमी सही अर्थों में स्नॉब हो ही नहीं सकता। इलाहाबाद आते ही एक और संस्कार बुरी तरह से व्यक्ति के ऊपर हावी होने लगता है। वह एक बड़े संयुक्त परिवार का जैसा संस्कार है। यही यहाँ के व्यक्ति की सीमा भी हो सकती है और उसकी उपलब्धि भी।

किसी भी बौद्धिक रूप से संपन्न स्थान की ही भाँति इलाहाबाद में भी मानसिक रूप से पीड़ित करने की प्रथा है। यहाँ के लेखक को यह कौशल आता है कि बाहरी रूप से आपका अंतरंग मित्र दीखने के बावजूद वह आपको मानसिक रूप से इतना अकेला छोड़ देगा कि उस स्थिति को झेल पाना साधारण सामर्थ्य के बाहर की बात है। इसीलिए यह लेखकों का 'ट्रेनिंग सेंटर' कहा जाता है। प्रत्येक लेखक अपनी

साहित्यिक सामर्थ्य को यहाँ साफ-साफ पहचान सकता है। इस प्रकार की स्थितियाँ निश्चित ही प्रारंभिक रूप में बड़ी कष्टप्रद लगने के बावजूद एक विशेष अंतराल के बाद स्वभाव का एक अंग बन जाती हैं। जैसे उन्माद अपनी एक सीमा पर जाकर व्यक्ति के स्वभाव का एक अभिन्न अंग बन जाता है, इलाहाबाद का साहित्यिक भी बिना इस प्रकार की क्रूरताओं के जीवित नहीं रह सकता। क्रूरताएँ—जो व्यक्ति के निर्माण की भावनाएँ भी बन सकती हैं और अपने गौरवमय अतीत को 'मेण्टेन' कर सकने का शगल भी। यह भी एक सत्य है कि जहाँ जितनी बड़ी संख्या में व्यक्तियों की टकराहट होगी, वहाँ उस क्षेत्र की उतनी ही अधिक संभावनाएँ भी होंगी।

इलाहाबाद का एक और आकर्षक इलाका है 'चौक'। यह शहर की मुख्य मंडी माना जाता है। चौक अपने स्वभावानुसार व्यापारिक मनोवृत्ति का इलाका है। यों प्रत्येक शहर का चौक एक विशिष्ट स्थान माना जाता है। इलाहाबाद में एक विशाल घंटाघर है, जिसके इर्द-गिर्द लोहे-लक्कड़ वाले, मोची, भिखमंगे और कुछ खोमचे वाले बैठते हैं। अच्छी से बुरी हर चीज का यहाँ व्यापार होता है। अंग्रेज बहादुर का एक शगल हुआ करता था कि उसने हिंदुस्तानियों के लिए चौक और अपने लिए सिविल लाइन्स बनाया। इलाहाबाद का अपना इतिहास, जिसमें रजवाड़े, सामंत और जमींदार आते हैं, अपनी पूरी स्मृतियों के साथ इस इलाके के साथ जुड़े हैं। घंटाघर के पास ताँगों की भीड़ लगी रहती है। यहाँ पर से अधिकांशतः ताँगे कचहरी तक के लिए मिलते हैं। आज भी यह परंपरा बरकरार है कि ताँगे वाले चौक और कचहरी के बीच ही जाना पसंद करते हैं। घंटाघर के पास से एक तंग सड़क कल्याणी देवी की ओर अतरसुइया होती चली जाती है, जिसमें राजा मुनुवा का विशाल भवन आज भी पुरानी परंपरा कायम किये हुए है। घंटाघर से ही एक सड़क खुल्दाबाद की ओर जाती है, यहाँ अधिकांशतः मुस्लिम परिवार रहते हैं, एक सड़क जीरो रोड कहलाती है, जो लगभग चौक का ही

एक अंग है। एक सीधी सड़क जॉनसेनगंज की ओर चली जाती है और बगल में ही एक और तंग गली है जहाँ शरीर बेचे जाते हैं।

चौक स्वातंत्र्योत्तर भारत का सबसे बड़ा विरोधाभास बनकर आज भी हर शहर में विद्यमान है। इलाहाबाद में भी है। यहाँ के हर रास्ते पर निरर्थक टँगी हुई विवशता भी है और संपन्नता भी। यहाँ का हर चौराहा शहर के ठहराव को संचालित करने की पूरी कोशिश करता है, लेकिन यह शहर है कि चौक से जॉनसेनगंज पार करते ही सिविल लाइंस आते-आते एक आशा में बदल जाता है। वहाँ मस्तिष्क है, मुद्राएँ हैं और एक ठहरी हुई संस्कृति है।

शायद इलाहाबाद शहर का यह विरोधाभास ही है जिसके कारण एक बुद्धिजीवी यहाँ की ओर आकृष्ट होता है। बाहर से यह एक शांत और पुराना शहर लगता है, मगर इसकी आंतरिकता में हर क्षण एक न एक घटना घटित होती रहती है। पुरानेपन और रूढ़िग्रस्तता के अंदर एक आधुनिकता पोषित होती रहती है...यही इसकी जटिलता भी है और यही इसकी सादगी भी और यही कारण है कि यहाँ का आदमी, यहाँ का बौद्धिक बाहरी रूप से इतना निर्मम दीखते हुए भी अपने आंतरिक संदर्भों में उतना ही सरल भी है।

चौक के आगे जीरो रोड, कीटगंज और फिर काफी आगे संगम और दारागंज है। 'निराला' का निवास-क्षेत्र दारागंज, इलाहाबाद के सामंती संस्कारों का सबसे अच्छा उदाहरण है। गलियों और सड़कों पर घूमते हुए लगता है जैसे किसी विशाल प्राचीन खँडहर के अंदर घूम रहे हों। दारागंज को यदि दूर से देखा जाए तो यह गंगा के किनारे बसा हुआ किसी प्राचीन वास्तुशिल्पी का विशाल निवास स्थान जैसा लगता है।

...और एक ट्रेन गुजरती है, एक सायरन बजता है, एक खोमचेवाला गली के किसी एक अपरिचित कोने से गुजरता हुआ निकल जाता है, सन्नाटे के बीच कुत्तों का एक समूह भौंकता है या सुनसान सड़क पर

कोई रिक्शावाला रिक्शा फटफटाता हुआ चला जाता है—मगर यह शहर एक सुबह से लेकर शाम तक बंद शीशे के अंदर हवा के बुलबुले की तरह बुलबुलाता रहता है—लगता है जैसे यह ठहरा हुआ, निष्प्राण है, लेकिन इस एक दिन में यहाँ बहुत कुछ हो गया होता है। दूसरे दिन की प्रतीक्षा के साथ एक और नया विशद अध्याय जुड़ गया होता है।

गुणाकर मुले

गुणाकर मुले का जन्म 3 जनवरी, 1935 ई. को महाराष्ट्र के अमरावती जिले के सिंही व्रजरुक गाँव में हुआ था। आपने इलाहाबाद विश्वविद्यालय से गणित में एम.ए. किया। स्वतंत्र लेखन करते हुए आपने जीविका के साधन जुटाने का संकल्प किया। मुले जी की मातृभाषा मराठी है, परंतु लेखन की भाषाएँ हिंदी व अंग्रेज़ी हैं। आपके विज्ञान, टेक्नोलॉजी, भारतीय इतिहास तथा संस्कृति से संबंधित अनेकों मौलिक पुस्तकें तथा लेख प्रकाशित हो चुके हैं। भारतीय इतिहास अनुसंधान परिषद् द्वारा दी गई फेलोशिप के अंतर्गत आपने 'भारतीय विज्ञान और टेक्नोलॉजी' विषय पर अनुसंधान किया। एन.सी.ई.आर.टी. की पाठ्य पुस्तकों के निर्माण में आपका विशेष योगदान है। आपकी 'भारतीय अंक पद्धति' व 'नक्षत्र लोक' शीर्षक पुस्तकों को उत्तर प्रदेश हिंदी संस्थान की ओर से पुरस्कृत किया गया।

विज्ञान-परिषद् इलाहाबाद द्वारा स्तरीय विज्ञान-लेखन के क्षेत्र में कीं गई दीर्घकालीन बहुमूल्य सेवाओं के लिए आपको सम्मानित किया गया। संस्कृति संगम, दिल्ली द्वारा लोकप्रिय विज्ञान के क्षेत्र में आपको उल्लेखनीय कार्य के लिए, 1988 ई. का सम्मान-पुरस्कार तथा 1989 ई. में केंद्रीय हिंदी संस्थान, आगरा का 'आत्माराम पुरस्कार' दिया गया।

विज्ञान लेखन जैसे जटिल विषय को सामान्य विद्यार्थियों व उत्सुक

पाठकों के लिए तैयार करना इनकी विशेषता है। सौर मंडल व ग्रहों को फलित ज्योतिष का विषय न बताकर गुणाकर मुले उन्हें वैज्ञानिक दृष्टिकोण से देखने-सोचने व समझने का अवसर देते हैं। इनकी शैली रोचक है।

शनि : सबसे सुंदर ग्रह वैज्ञानिक सोच का निबंध है। शनि सौर-मंडल का दूसरा बड़ा ग्रह है, क्योंकि यह धीरे-धीरे चलता है, इसलिए 'शनैश्चर' भी कहलाता है। फलित ज्योतिष में इस ग्रह को अशुभ व अमंगल का प्रतीक माना जाता है। लेखक इसी का विस्तृत वर्णन करते हुए फैले हुए अंधविश्वास को समाप्त करते हुए बताता है कि शनि ग्रह पर हाइड्रोजन, हीलियम, मीथेन, अमोनिया गैसें हैं। तथा 17 उपग्रह हैं। यह ग्रह अत्यंत सुंदर है। यहाँ वायुमंडल घना है, ग्रह के चारों ओर कंकण दिखाई देते हैं। जो कि गले के हार की तरह चमकते हैं तथा इस ग्रह की खूबसूरती को बढ़ाते हैं। इस ग्रह को अशुभ मानना किसी भी रूप में अनुचित है।

आज के वैज्ञानिक युग में विज्ञान जैसे शुष्क, गंभीर विषयों पर आधारित नवीनतम एवं अद्यतन सूचना प्रदान करने की दृष्टि से सरस साहित्य के रूप में लिखा गया प्रस्तुत निबंध विद्यार्थियों के लिए अत्यंत उपयोगी है।

शनि : सबसे सुंदर ग्रह

सौर-मंडल के सबसे बड़े ग्रह बृहस्पति के बाद शनि ग्रह की कक्षा है। शनि सौर-मंडल का दूसरा बड़ा ग्रह है। यह हमारी पृथ्वी से करीब 750 गुना बड़ा है। शनि के गोले का व्यास 116 हजार किलोमीटर है; अर्थात्, पृथ्वी के व्यास से करीब नौ गुना अधिक।

सूर्य से शनि ग्रह की औसत दूरी 143 करोड़ किलोमीटर है। यह ग्रह प्रति सेकेंड 9.6 किलोमीटर की औसत गति से हमारे करीब 30 वर्षों में सूर्य का एक चक्कर लगाता है। अतः 90 साल का कोई बूढ़ा आदमी यदि शनि ग्रह पर पहुँचेगा, तो उस ग्रह के अनुसार उसकी उम्र होगी सिर्फ तीन साल!

हमारी पृथ्वी सूर्य से करीब 15 करोड़ किलोमीटर दूर है। तुलना में शनि ग्रह दस गुना अधिक दूर है। इसे दूरबीन के बिना कोरी आँखों से भी आकाश में पहचाना जा सकता है। पुराने जमाने के लोगों ने इस पीले चमकीले ग्रह को पहचान लिया था। प्राचीन काल के ज्योतिषियों को सूर्य, चंद्र और काल्पनिक राहु-केतु के अलावा जिन पाँच ग्रहों का ज्ञान था उनमें शनि सबसे अधिक दूर था।

शनि को 'शनैश्चर' भी कहते हैं। आकाश के गोल पर यह ग्रह बहुत धीमी गति से चलता दिखाई देता है, इसलिए प्राचीन काल के

लोगों ने इसे 'शनैःचर नाम' दिया था। 'शनैःचर' का अर्थ होता है—धीमी गति से चलने वाला।

लेकिन बाद के लोगों ने इस शनैश्चर को 'सनीचर' बना डाला! सनीचर का नाम लेते ही अंधविश्वासियों की रूह काँपने लगती है! फलित-ज्योतिषियों की पोथियों में इस ग्रह को इतना अशुभ माना गया है कि जिस राशि में इसका निवास होता है उसके आगे और पीछे की राशियों को भी यह छेड़ता है। एक बार यदि यह ग्रह किसी की राशि में पहुँच जाए, तो फिर साढ़े सात साल तक उसकी खैर नहीं!

हमारी पौराणिक कथाओं के अनुसार शनि महाराज सूर्य के पुत्र हैं। भैंसा इनका वाहन है। पाश्चात्य ज्योतिष में शनि को सैटर्न कहते हैं। यूनानी आख्यानों के अनुसार सैटर्न जूपीटर के पिता हैं। रोमन लोग सैटर्न को कृषि का देवता मानते थे। हमारे देश में शनि महाराज तेल के देवता बन गए हैं!

पुराने जमाने के ज्योतिषियों ने, पता नहीं क्यों, शनि को एक अत्यंत अशुभ ग्रह करार दिया था। ईसा की छठी सदी के महान भारतीय ज्योतिषी वराहमिहिर ने तो अपने बृहत्संहिता ग्रंथ में शनि के अशुभ फलों के बारे में 'शनैश्चराचार' नामक एक स्वतंत्र अध्याय ही लिख डाला। बाद के फलित ज्योतिषियों ने वराहमिहिर का ही अंधानुकरण किया।

वस्तुतः शनि सौर-मंडल का सर्वाधिक सुंदर ग्रह है। लेकिन पुराने जमाने के ज्योतिषी अपनी कोरी आँखों से इस ग्रह की सुंदरता को देखने या पहचानने में समर्थ नहीं थे। अभी 1609 ई. तक किसी को भी आकाश की ज्योतियों को 'दिव्य दृष्टि' से देखने का अवसर नहीं मिला था। गैलीलियो ने पहली बार 'दिव्य दृष्टि' अर्थात् दूरबीन से आकाश का अवलोकन किया। जो कोई भी दूरबीन से शनि को देखेगा, इस ग्रह के बारे में उसके पुराने ख्याल अवश्य बदल जाएँगे।

शनि को यदि दूरबीन से देखा जाए, तो इस ग्रह के चहुँओर वलय

(कंकण) दिखाई देते हैं। प्रकृति ने इस ग्रह के गले में खूबसूरत हार डाल दिए हैं। शनि के इन वलयों या कंकणों ने इस ग्रह को सौर-मंडल का सबसे सुंदर एवं मनोहर पिंड बना दिया है। पुराने जमाने के ज्योतिषियों को शनि के इन वलयों की जानकारी नहीं थी। शनि के अद्‌भुत वलयों और इसकी अन्य अनेक विशेषताओं के बारे में विस्तृत जानकारी हमें आधुनिक काल में ही मिली है। इससे भी ज्यादा प्रामाणिक जानकारी अंतरिक्ष यानों का युग शुरू होने के बाद पिछले करीब दो दशकों में मिली है।

शनि ग्रह अत्यंत मंद गति से हमारे करीब तीस वर्षों में सूर्य का एक चक्कर लगाता है, इसलिए साल-भर के अंतर के बाद भी आकाश में शनि की स्थिति में कोई विशेष परिवर्तन नहीं दिखाई देता। यह एक राशि में करीब ढाई साल तक रहता है।

शनि ग्रह सूर्य से हमारी अपेक्षा करीब दस गुना अधिक दूर है, इसलिए बहुत कम सूर्यताप उस ग्रह तक पहुँचता है—पृथ्वी का मात्र सौवाँ हिस्सा। इसलिए शनि के वायुमंडल का तापमान शून्य के नीचे 150° सेंटीग्रेड के आसपास रहता है। शनि एक अत्यंत ठंडा ग्रह है।

बृहस्पति की तरह शनि का वायुमंडल भी हाइड्रोजन, हीलियम, मीथेन तथा एमोनिया गैसों से बना है। शनि की सतह के बारे में हमें कोई जानकारी नहीं है। हम केवल इसके चमकीले बाहरी वायुमंडल को ही देख सकते हैं। शनि के केंद्र भाग में ठोस गुठली होनी चाहिए। लेकिन चंद्रमा, मंगल या शुक्र की तरह शनि की सतह पर उतर पाना आदमी के लिए संभव नहीं होगा।

अभी दो दशक पहले तक शनि के दस उपग्रह खोजे गए थे। लेकिन अब शनि के उपग्रहों की संख्या 17 पर पहुँच गई है। धरती से भेजे गए स्वचालित अंतररिक्षयान पायोनियर तथा वायजर शनि के नजदीक पहुँचे और इन्हीं के जरिए इस ग्रह के सात नए उपग्रह खोजे गए। शनि के और भी कुछ चंद्र हो सकते हैं।

शनि का सबसे बड़ा चंद्र टाइटन सौर-मंडल का सर्वाधिक महत्त्वपूर्ण और दिलचस्प उपग्रह है। टाइटन हमारे चंद्र से भी काफी बड़ा है। इसका व्यास 5150 किलोमीटर है। अभी कुछ साल पहले तक टाइटन को ही सौर-मंडल का सबसे बड़ा उपग्रह समझा जाता था, परंतु वायजर यान की खोजबीन से पता चला है कि बृहस्पति का गैनीमीडे उपग्रह सौर-मंडल का सबसे बड़ा उपग्रह है।

लेकिन टाइटन की सबसे अद्‌भुत चीज है इस पर मौजूद घना वायुमंडल। मुख्य रूप से नाइट्रोजन से बना टाइटन का यह वायुमंडल हमारी पृथ्वी के वायुमंडल से भी ज्यादा घना और भारी है। टाइटन के वायुमंडल में मीथेन भी पर्याप्त मात्रा में मौजूद है। इस उपग्रह की सतह पर मीथेन गैस ठोस या तरल रूप में हो सकती है। इस प्रकार, टाइटन को पृथ्वी की तरह का एक ऐसा पिंड माना जा सकता है जिस पर मीथेन पानी की भूमिका अदा करती है। मीथेन के योग से बनने वाले कई किस्म के अणु जैविक तत्त्वों का निर्माण कर सकते हैं। इसलिए जैविक तत्त्वों के विकास के अध्ययन की दृष्टि से टाइटन का बड़ा महत्त्व है। टाइटन की परिस्थितियों का अध्ययन करके पता लगाया जा सकता है कि तीन-चार अरब साल पहले धरती पर प्राथमिक जीवों का अभ्युदय किस प्रकार हुआ होगा।

शनि की सतह पर अंतरिक्षयान को उतारना तो संभव नहीं है, परंतु टाइटन की सतह पर अंतरिक्षयान को उतारा जा सकता है। इसलिए मंगल ग्रह के बाद टाइटन उपग्रह पर ही अंतरिक्षयान को उतारने के प्रयास किए जाएँगे।

शनि ग्रह की सबसे आकर्षक चीज है इसके चहुँओर के वलय या कंकण। सबसे पहले गैलीलियो ने ही इनकी खोज की थी। अभी कुछ साल पहले तक शनि के तीन स्पष्ट वलय पहचाने गए थे। इनके बीच में कुछ खाली जगह भी है। शनि के ये वलय इस ग्रह के विषुववृत्तीय समतल में ही परिक्रमा करते हैं। इधर के कुछ वर्षों में पायोनियर और

वायजर यानों के जरिए शनि के और भी कुछ वलय खोजे गए हैं। इन वलयों की संख्या अब सात पर पहुँच गई है।

ताजी जानकारी के अनुसार बृहस्पति, यूरेनस और नेपच्यून के इर्द-गिर्द भी वलय हैं, परंतु शनि के वलय ज्यादा विस्तृत और स्पष्ट हैं। ये शनि की सतह से करीब 50 हजार किलोमीटर की ऊँचाई पर शुरू होते हैं और दो लाख किलोमीटर से भी अधिक दूरी तक फैले हुए हैं। लेकिन इनकी मोटाई बहुत कम है। खगोलविदों का मत है कि इनकी मोटाई 10 किलोमीटर से अधिक नहीं हो सकती। इसीलिए विशेष अवसरों पर शनि के ये वलय हमें पतली रेखा जैसे दिखाई देते हैं। कभी-कभी इन वलयों में से दूर के तारों को देखा जा सकता है।

शनि हमारे सौर-मंडल का एक अद्भुत और सुंदर ग्रह है। किसी भी ग्रह को शुभ या अशुभ समझने का कोई भौतिक कारण नहीं है। शनि तो हमारे सौर-मंडल का सबसे खूबसूरत ग्रह है!

□□